1 ¿Qué tal tus vacaciones? (pages 8–9)

CW00819585

1 *Match the phrases in the box to the sentences that mean t*

Subieron a la montaña	Hice equitación	Hicisteis esquí	Bail
Montamos en moto	Se relajaron	Practiqué judo	Nadaste
Visitó monumentos	Fue una experiencia inolvidable		

there was? *¿Hizo o Hubo?*

1 Dimos una vuelta en moto ______

2 Hiciste natación ______

3 Monté a caballo ______

4 Fue a clases de baile ______

5 Esquiasteis ______

6 Vio lugares de interés ______

7 Lo pasé fenomenal ______

8 Hicieron alpinismo ______

9 Hice artes marciales ______

10 Descansaron ______

2 *Choose the correct verb to complete the weather phrases, then translate the phrases into English.*

Hizo/Hubo frío ______

Hizo/Hubo viento ______

Hizo/Hubo sol y calor ______

Hizo/Hubo tormenta ______

Hizo/Hubo niebla ______

Hizo/Hubo buen tiempo ______

3 *Write a postcard about your holidays using the prompts below. Include each of these connectives and sequencers at least once.*

primero y también después pero

Say what the weather was like yesterday
Say where you went last night
Say at least three things you did
Say how good it was

¡Hola! Estoy aquí en…

______

¡Hasta pronto! Un abrazo de…

2 ¿Qué tal el hotel? (pages 10–11)

1 ***Read these comments about three hotels from a website. Underline all the verbs in the imperfect tense.***

Hotel Aguaclara, Gerona

Pasé quince días estupendos porque el hotel era precioso y el restaurante era fantástico y tenía mucho encanto. El ambiente era de tranquilidad absoluta porque estaba en una calle pequeña y me sentía como en casa. Había una decoración muy acogedora y tenía instalaciones excelentes, como piscina y gimnasio.

El desayuno también era magnífico porque había mucha variedad y se servía la comida típica catalana, que era de primera clase.

Me gustó *****

Hotel Torre del Mar, Málaga

Me alojé en este hotel boutique una noche en agosto. Era antiguo y estaba en malas condiciones, así que no era bonito ni acogedor. El hotel no era un buen lugar para alojarse porque estaba en una zona muy ruidosa. Sobre todo, había muchísimo ruido por la noche. No me gustaba mi habitación porque no era cómoda.

No tenía balcón y no veía ni el puerto, ni la playa. No había bar, ni restaurante porque el hotel solo tenía ocho habitaciones. Quería irme a casa.

Me gustó *

Hotel Casa Grande, Jerez de la Frontera

Me quedé una semana aquí. Este hotel era realmente genial, tradicional, limpio y tenía un personal muy atento. Estaba en el centro del pueblo y muy cerca de todos los sitios de interés turístico de Jerez. Por la noche podía ser un poco ruidoso. Había un bar pequeño y agradable, con una terraza maravillosa donde yo podía descansar.

El desayuno era bueno y la recepcionista era muy simpática porque me reservó restaurantes y visitas a las bodegas.

Me gustó ***

G The imperfect tense is used to describe what something was like. There are only three irregular verbs: *ser, ir, ver.*

2 ***Which hotel...?***

1 had a small bar? ____________________

2 made its guests feel as if they were at home? ____________________

3 did not have a good view? ____________________

4 was noisy at night? ____________________

5 was near the tourist attractions? ____________________

6 had an excellent restaurant? ____________________

3 ***Correct the mistakes in these sentences and give reasons why in Spanish.***

Hotel Aguaclara			
1	el restaurante era malo	el restaurante era fantástico	tenía mucho encanto
2	era ruidoso		
3	no tenía buenas instalaciones		
4	no había buena comida		

Hotel Torre del Mar			
1	era nuevo y precioso		
2	estaba en un lugar tranquilo		
3	tenía vistas preciosas desde el balcón		

Hotel Casa Grande			
1	estaba lejos de los sitios turísticos		
2	no se podía estar cómodo en el bar porque era grande		
3	tenía una recepcionista antipática		

To aim for a C grade make sure that you give opinions. If you also add in justifications for your opinions you can aim for a higher grade.

4 ***You stayed in the Hotel Miramar last June for five days. Describe your holiday there and your experiences in the hotel, in Spanish. You can be positive or negative, or have a mixture of opinions! Don't forget your star rating!***

Hotel Miramar, Cádiz

Me gustó

1a ***Find the eight question words in the wordsearch. Match the question word to the rest of the question in the sentences below.***

Question words have accents.

1 ¿__________ fuiste de vacaciones?
2 ¿__________ saliste de casa?
3 ¿__________ tiempo pasaste allí?
4 ¿__________ era el hotel?
5 ¿__________ había en el hotel?
6 ¿__________ tiempo hizo?
7 ¿__________ habitaciones tenía el hotel?
8 ¿__________ te lo pasaste bien?

c	u	á	n	t	a	s	l	h	p
o	a	n	i	p	o	c	t	e	o
q	t	c	u	á	n	d	o	b	r
u	r	ó	s	f	k	y	l	g	q
é	i	m	g	c	q	u	é	v	u
d	s	o	a	m	z	u	b	d	é
f	m	j	a	d	ó	n	d	e	x
q	c	u	á	n	t	o	e	w	e

1b ***Write the verbs in the correct form in each sentence. Then match each sentence to the correct question from exercise 1a. ¡Ojo! The sentences are not in the right order!***

a __Era__ (ser) lujoso y muy grande. [4]
b __________ (ir) a Palma de Mallorca. [ ]
c __________ (tener) dos piscinas, un gimnasio y tres bares. [ ]
d __________ (pasar) dos semanas. [ ]
e __________ (hacer) sol y calor todos los días, pero el primer día __________ (hacer) frío. [ ]
f __________ (haber) doscientas. [ ]
g Porque __________ (conocer) a mucha gente nueva. [ ]
h __________ (salir) de casa a las seis de la tarde. [ ]

Try to make your written and spoken answers as sophisticated as possible. It will impress the examiner!

2 ***Write about a holiday in Spanish in your exercise book/folder, by finishing these sentences. Use the questions from exercise 1a to help you.***

- Primero…
- Luego…
- Finalmente…
- Me gustó porque…
- Lo mejor era…
- Había…
- No había…
- Tampoco había…
- Lo peor era…
- Fue una experiencia… porque…

1a Put the words in the correct order.

1 mar dobles reservar habitaciones Quiero vistas tres al con

____

2 Hay de habitaciones servicio

¿____?

3 septiembre quince llegar Voy de a el

____

4 desayuno Hasta hora se qué el sirve

¿____?

5 sin cuestan baño las Cuánto habitaciones

¿____?

1b Match these sentences with the sentences in exercise 1a.

a How much are rooms without a bathroom? ☐

b I'm going to arrive on 15 September. ☐

c Until what time is breakfast served? ☐

d Is there room service? ☐

e I want to book three double rooms with sea views. ☐

2 Complete the letter with the correct words from the box.

dobles	te	le	reservar	es	pasar	llegar	baño	individuales	individual
conexión	puede	recepción	restaurante	incluido	once	precios	una		
completa	estamos	está	queremos	somos					

Estimado señor:

(1) ____________ un grupo de seis adultos. (2) ____________ reservar dos habitaciones (3) ____________ y dos habitaciones (4) ____________ con (5) ____________ y con balcón en su hotel. Queremos (6) ____________ ocho noches, del 8 al 16 de agosto. ¿Hay (7) ____________ a Internet? Vamos a (8) ____________ a las (9) ____________ de la noche. ¿Hasta qué hora (10) ____________ abierta la (11) ____________?

¿Me (12) ____________ decir si está (13) ____________ el desayuno?

¿Puede enviarme los (14) ____________ del alojamiento con media pensión y pensión (15) ____________?

(16) ____________ saluda atentamente,

María Lozano

Remember that you would use *usted* (the formal form of 'you') when writing a letter to a hotel. The *usted* part of the verb is the same as the he/she part of the verb.

5 Reclamaciones (pages 16–17)

1 Put the words in these complaints in the correct order.

1 están ducha aseo y la sucios El ______________________

2 No papel toallas hay higiénico ni ______________________

3 eso No electricidad y por no hay el funciona secador ______________________

4 el Hay baño en de cuarto cucarachas ______________________

5 está La sucia habitación limpia y cama la está no ______________________

6 funciona dos ascensor maletas y no tengo El ______________________

7 la No gusta habitación me nada ______________________

8 ruido Hay mar no mucho vistas y tiene al ______________________

2 Now match the hotel receptionist's response to the complaints in exercise 1.

a Le voy a dar un bote de insecticida. [4]

b Voy a hacerle un descuento. [ ]

c Vamos a poner toallas y papel en su habitación. [ ]

d Vamos a limpiar el cuarto de baño enseguida. [ ]

e Vamos a hacer la cama y a limpiar la habitación. [ ]

f Vamos a subir las maletas por la escalera. [ ]

g Voy a llamar al técnico. [ ]

h Vamos a cambiarle de habitación. [ ]

3 Write the following complaints in Spanish, in your exercise book/folder, adding in any extra details you like.

1 There wasn't any soap in the bathroom.

2 I need towels and a hairdryer.

3 The light doesn't work and there is a lot of noise.

4 I don't like the view and I want a discount.

5 The lift wasn't working.

6 The worst thing was the noise.

7 The bathroom was dirty and there was no soap.

8 There were no sea views and that's why I wanted a discount.

Try to use expressions like *¡Qué horror!*, *¡Qué asco!*, *¡Qué miedo!* and *¡Qué mal!* to make your complaints more effective.

G You would use the imperfect to describe what **was** wrong.

1 ***Fill in the gaps for these verbs and their correct form in the preterite and imperfect tense.***

	infinitive	Preterite		Imperfect	
1	comprar	*you (tú) bought*	compraste	*you were buying*	comprabas
2	ir	___________	fue	*he/she was going*	___________
3	________	*I went out*	___________	*I was going out*	___________
4	tener que	*I had to*	___________	___________	tenía que
5	hacer calor	___________	hizo calor	*it was hot*	___________
6	nevar	*it snowed*	___________	___________	nevaba
7	funcionar	___________	no funcionó	*it wasn't working*	___________
8	quejarse	*I complained*	___________	*I was complaining*	___________
9	comer	*we ate*	___________	___________	comíamos

2 ***Imperfect or preterite? Underline the correct form of the verb.***

G The imperfect is used for descriptions in the past. The preterite is used for completed actions in the past.

(1) **Fui/iba** un fin de semana a Santa Cruz de Tenerife en mayo. Generalmente (2) **hizo/hacía** sol, pero el primer día no (3) **hacía/hizo** calor y (4) **llovía/llovió**. No (5) **fue/era** el tiempo normal de mayo.

El hotel (6) **estuvo/estaba** en el centro de la ciudad y todos los clientes (7) **fueron/eran** ingleses o franceses. Siempre (8) **hubo/había** mucha gente en los bares y discotecas. El viernes por la noche (9) **cenaba/cené** en un restaurante típico.

El sábado por la noche (10) **conocía/conocí** a unos chicos que (11) **fueron/eran** muy simpáticos en una discoteca que (12) **tuvo/tenía** música muy moderna. El domingo por la mañana (13) **había/hubo** tormenta, y (14) **fui/iba** al Museo Municipal de Bellas Artes. (15) **Volví /Volvía** a casa muy tarde el domingo por la noche. ¡Me lo (16) **pasé/pasaba** fenomenal en Santa Cruz!

3 ***Fill in the gaps in the sentences below with the correct form of the preterite or imperfect tense. ¡Ojo! Watch out for irregular verbs!***

1 El año pasado mi familia y yo *(ir)* __________ de vacaciones a Marbella.

2 El avión *(llegar)* __________ tarde y Juan *(tener)* __________ que coger un taxi al hotel.

3 *(Hacer)* ________ mucho sol, pero un día *(llover)* ________ y mis padres no *(poder)* ________ tomar el sol.

4 Todos los días María *(nadar)* __________ en la piscina.

5 ¿Qué *(comprar)* __________ (tú) para tu mejor amigo?

6 El hotel *(ser)* __________ muy lujoso y los camareros *(hablar)* __________ inglés.

¿Adónde fuiste de vacaciones? *Where did you go on holiday?*

Fui a...	*I went to...*	solo/a	*alone*
Alemania	*Germany*	¿Qué hiciste?	*What did you do?*
Argentina	*Argentina*	Bailé	*I danced*
Cuba	*Cuba*	Conocí a mucha gente	*I met many people*
Escocia	*Scotland*	Escuché música	*I listened to music*
España	*Spain*	Esquié	*I skied*
Francia	*France*	Fui de excursión	*I went on a trip*
Gales	*Wales*	Jugué al voleibol	*I played volleyball*
Grecia	*Greece*	Mandé mensajes	*I sent texts*
la India	*India*	Monté en bicicleta	*I rode a bike*
Inglaterra/Gran Bretaña	*England/Great Britain*	Saqué fotos	*I took photos*
Irlanda	*Ireland*	Tomé el sol	*I sunbathed*
Italia	*Italy*	Visité monumentos	*I visited monuments*
México	*Mexico*	¿Qué tal lo pasaste?	*How was it?*
Pakistán	*Pakistan*	Lo pasé...	*It was...*
Portugal	*Portugal*	bien	*good*
la República Dominicana	*Dominican Republic*	muy bien	*very good*
Estados Unidos	*USA*	fenomenal	*wonderful*
¿Cuándo fuiste de vacaciones?	*When did you go on holiday?*	fatal	*horrible*
el año pasado	*last year*	guay	*great*
el verano pasado	*last summer*	mal	*rubbish*
el invierno pasado	*last winter*	primero	*first*
hace dos/cinco años	*two/five years ago*	después	*after*
¿Con quién fuiste?	*Who did you go with?*	luego	*then*
Fui...	*I went...*	también	*also*
con mi familia	*with my family*	y	*and*
con mis padres	*with my parents*	pero	*but*
con mis amigos	*with my friends*	finalmente	*finally*

¿Qué tal tus vacaciones? *How was your holiday?*

Descansé.	*I rested.*	No tuve miedo.	*I wasn't scared.*
Monté a caballo.	*I went horse riding.*	¿Qué tiempo hizo?	*What was the weather like?*
Nadé.	*I swam.*	Hizo buen tiempo.	*The weather was good.*
Patiné.	*I skated.*	Hizo mal tiempo.	*The weather was bad.*
Esquié.	*I skied.*	Hizo calor.	*It was hot.*
Hice yoga.	*I did yoga.*	Hizo frío.	*It was cold.*
Hice alpinismo.	*I went climbing.*	Hizo sol.	*It was sunny.*
Hice vela.	*I went sailing.*	Hizo viento.	*It was windy.*
Hice caída libre.	*I went sky diving.*	Hubo niebla.	*It was foggy.*
Fui a clases de baile.	*I went to dance classes.*	Hubo tormenta.	*It was stormy.*
Di una vuelta en bicicleta.	*I went for a bike ride.*	Llovió.	*It rained.*
Vi lugares de interés.	*I visited places of interest.*	Nevó.	*It snowed.*

¿Qué tal el hotel? *How was the hotel?*

me alojé en.../me quedé en...	*I stayed in...*	caro/a	*expensive*
un hotel de cinco estrellas	*a five-star hotel*	barato/a	*cheap*
un albergue juvenil	*a youth hostel*	animado/a	*lively*
un camping	*a campsite*	tranquilo/a	*quiet*
un parador	*a parador*	lujoso/a	*luxurious*
una pensión	*a B&B*	Tenía...	*It had...*
Estaba...	*It was...*	Había...	*There were...*
en la costa	*on the coast*	No tenía... ni... ni...	*It had neither... nor...*
en la montaña	*in the mountains*	No había... tampoco había...	*There were no... nor...*
en el campo	*in the countryside*	(un) bar	*a bar*
al lado de la playa	*next to the beach*	(un) gimnasio	*a gym*
en el centro de la ciudad	*in the centre of the city*	(un) restaurante	*a restaurant*
Era.../No era (nada)...	*It was.../It wasn't at all...*	(una) discoteca	*a disco*
acogedor/a	*welcoming*	(una) piscina climatizada	*a heated pool*
antiguo/a	*old*	(una) cafetería	*a café*
nuevo/a	*new*	(una) sauna	*a sauna*
cómodo/a	*comfortable*	(una) cocina comunitaria	*a shared kitchen*
poco cómodo/a	*not very comfortable*	¿Qué era lo mejor o lo peor del hotel?	*What was the best or worst thing about the ... holiday?*
bonito/a	*nice*		
feo/a	*ugly/horrible*	Lo mejor/peor era que...	*The best/worst thing was that...*

Buenas vacaciones *A good holiday*

Pasé una semana.	*I spent a week.*
Fui en avión.	*I went by plane.*
El vuelo duró…	*The flight lasted…*
Mi hotel estaba en la costa.	*My hotel was on the coast.*
Era muy moderno.	*It was very modern.*
Tenía un restaurante fantástico.	*It had a fantastic restaurant.*
Los clientes eran ingleses.	*The clients were English.*
Los camareros llevaban uniforme.	*The waiters wore uniform.*
Hablaban inglés.	*They spoke English.*
Conocí a muchos jóvenes.	*I met a lot of young people.*
Eran muy simpáticos.	*They were very nice.*
Mejoré mi español.	*I improved my Spanish.*
Hizo sol toda la semana.	*It was sunny all week.*
Podías hacer…	*You could do…*
¿Cuándo fuiste de vacaciones?	*When did you go on holiday?*
¿Adónde fuiste?	*Where did you go?*
¿Cuánto tiempo pasaste allí?	*How long did you stay there?*
¿Dónde te alojaste?	*Where did you stay?*
¿Cómo era el hotel?	*How was the hotel?*
¿Qué había en el hotel?	*What facilities did the hotel have?*
¿Qué hiciste durante tus vacaciones?	*What did you do on holiday?*

En el hotel *At the hotel*

¿Dígame?	*Hello?*
Estimado/a señor(a)	*Dear Sir/Madam*
Me gustaría/Quisiera reservar…	*I would like to reserve*
una habitación individual	*a single room*
una habitación doble	*a double room*
para… noches	*for… nights*
para… días	*for… days*
sin/con balcón	*with/without a balcony*
con vistas al mar	*with sea view*
con baño	*with a bath*
con cama de matrimonio	*with double bed*
¿Para cuántos días?	*For how many days?*
¿Para cuántas noches?	*For how many nights?*
Voy/vamos a llegar el…	*I/We will arrive on …*
del… hasta…	*from the… to the…*
una semana/quince días	*a week/fortnight*
¿Quiere una habitación con baño o sin baño?	*Would you like a room with or without a bath?*
¿Cuánto es?	*How much is it?*
¿Hay servicio de habitaciones?	*Is there room service?*
¿Hay conexión a Internet?	*Is there Internet access?*
¿Hasta qué hora se sirve el desayuno/la comida/la cena?	*Until what time do you serve breakfast/lunch/dinner?*
¿A qué hora cierra la recepción/el bar?	*What time does reception/the bar close?*
¿Hasta qué hora está abierto el restaurante?	*Until what time is the restaurant open?*
¿Se admiten perros?	*Are dogs allowed?*

Reclamaciones Complaints

¿Qué le pasa, señor/señorita?	*What is the matter, Sir/Madam?*
Me hace(n) falta…	*I need…*
Necesito…	*I need…*
papel higiénico	*toilet paper*
jabón	*soap*
toallas	*towels*
un secador	*a hairdryer*
aspirinas	*aspirins*
(no) está…	*it is (not)*
no funciona…	*the… doesn't work*
no hay…	*there are no…*
el ascensor	*the lift*
el aseo	*the toilet*
la luz	*the light*
la ducha	*the shower*
La habitación/la cama está sucia/no está limpia.	*The room/bed is dirty/isn't clean.*
El baño/el aseo está sucio/no está limpio.	*The bath/toilet is dirty/isn't clean.*
Hay mucho ruido.	*There's a lot of noise.*
Quiero quejarme ahora.	*I want to complain now.*
Quiero un descuento.	*I want a discount.*
Quiero cambiar de habitación.	*I want to change rooms.*
Quiero hablar con el director.	*I want to speak to the manager.*
Me vuelve loco/a.	*It drives me mad.*
El año que viene voy a…	*Next year I'm going to…*
Va a ser…	*It's going to be…*

1 True (T), false (F) or not mentioned (NM)? Read the article and then correct the false statements below.

¡Hola! Me llamo Penélope Cruz y soy actriz. Mi cumpleaños es el 28 de abril. Soy española y vivo en Madrid. Hablo español, italiano, inglés y francés y me encantan todo tipo de bailes, especialmente el baile clásico.

Mi mejor amiga, Shakira, dice que soy cariñosa, creativa y muy ambiciosa. Todos los días chateo con Shakira o le escribo correos, porque ella vive en Colombia. Una vez al mes voy al cine o al teatro. Nunca veo películas de terror; prefiero ver comedias porque son mucho más divertidas.

Los fines de semana me gusta leer y relajarme. Escucho música y veo programas de baile. A veces salgo con mi hermano Eduardo a cenar. Los sábados, cuando no trabajo, voy de compras con mi hermana Mónica. Siempre compramos maquillaje y de vez en cuando ropa.

En verano voy de vacaciones a Ibiza porque me encanta nadar y tomar el sol.

1 El cumpleaños de Penélope Cruz es en primavera. [T] ______

2 Penélope Cruz habla cinco idiomas. [ ] ______

3 Le encanta la música clásica. [ ] ______

4 Cuando va al cine, le gusta ver comedias. [ ] ______

5 Penélope Cruz tiene dos hermanas. [ ] ______

6 No le gusta el baile moderno. [ ] ______

7 Siempre compra ropa cuando va de compras. [ ] ______

8 Cuando hace frío, va de vacaciones a Marbella. [ ] ______

9 Odia los deportes acuáticos. [ ] ______

2 Find these adverbs of frequency in Spanish in the text in exercise 1.

1 once a month ______

2 every day ______

3 never ______

4 in summer ______

5 at the weekends ______

6 sometimes ______

7 on Saturdays ______

8 always ______

3 Write a paragraph in your exercise book/folder about Eduardo's (Penélope's brother) lifestyle in Spanish. Include the details below.

en verano/ hace sol/ ir a la playa/ tomar el sol

los fines de semana/ llueve /no me gusta salir /ver la tele/ navegar por Internet

en invierno/ nieva/ jugar en el jardín/ ir al parque

una vez a la semana/ ir al cine/ amigos/ cenar en un restaurante

★ Try to combine phrases and extend your sentences by using expressions like *cuando* and giving extra details, such as likes and dislikes.

1 Complete the crossword with ten forms of transport in Spanish.

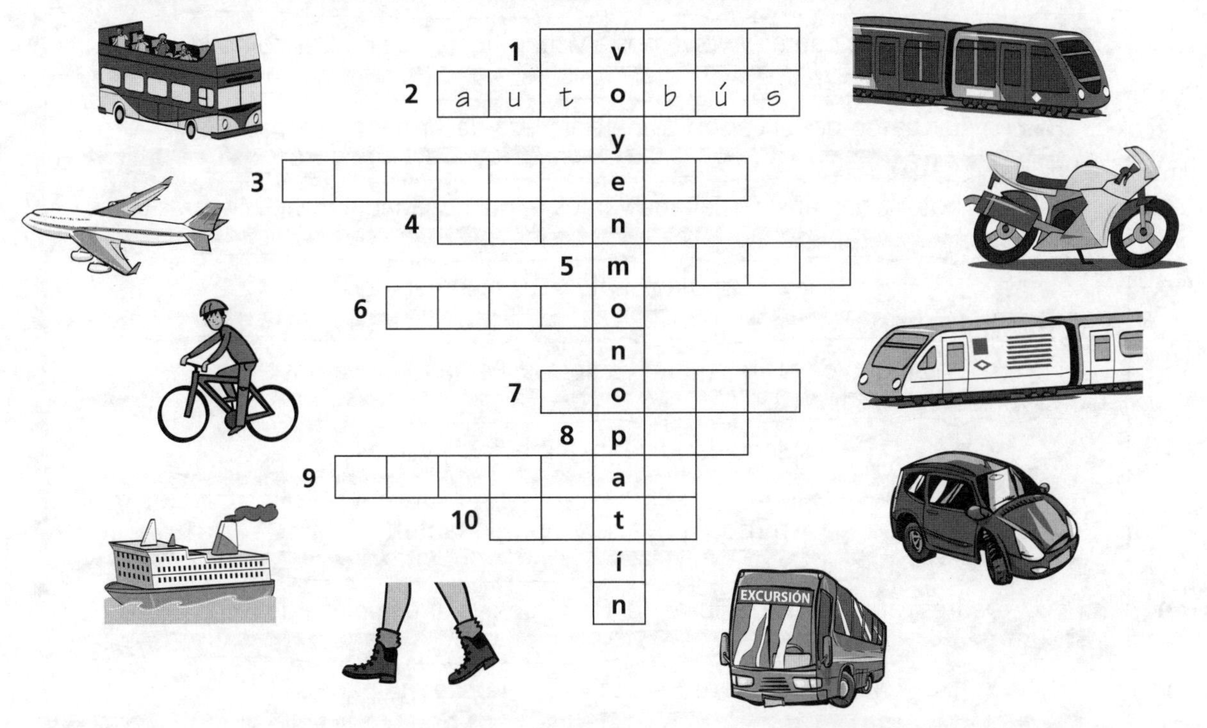

2 Fill in the gaps with the correct adverb and unscramble the rest of the sentence.

generalmente frecuentemente normalmente solamente nunca siempre a veces

1 (Never) ___Nunca___ taxi cojo caro muy porque es un.

Nunca cojo un taxi porque es muy caro.

2 (Sometimes) ________________ me monopatín en independencia voy porque da.

____

3 (Always) ________________ rápido porque voy metro es en muy.

____

4 caro el es Utilizo (frequently) ________________ autobús porque no.

____

5 (Only) ________________ avión cojo hay para el y contamina largos polución viajes porque demasiada.

____

6 (Usually) ________________ me pie a voy porque ejercicio hacer gusta.

____

7 (Generally) ________________ porque transporte el prefiero barato público es.

____

1 La oficina de turismo (pages 28–29)

1 ***Put the text in the correct order by numbering the fragments below.***

a	Primero mis padres y yo vamos a visitar lugares de interés como la	1
b	un paseo por el centro comercial Plaza de Armas, y mi madre	
c	volver al hotel a descansar. Mañana vamos a ir al río Guadalquivir. Mientras mis	
d	a ir al barrio de Santa Cruz a comer algo	
e	en alguno de los restaurantes típicos. Por la tarde vamos a dar	
f	espléndidas. Luego, a mediodía vamos	
g	museo. ¡Va a ser impresionante!	
h	padres van a subir a la Torre del Oro, yo voy a ir a la plaza de toros y	
i	va a comprar recuerdos. Por la noche mis padres	
j	catedral. Allí vamos a subir a la torre de La Giralda y vamos a disfrutar de unas vistas	
k	voy a descubrir todo sobre las corridas en el	
l	van a ver un espectáculo de flamenco y yo voy a	

2 ***Answer the following questions by unscrambling the answers below. Remember to change the verb (ir a) into the correct person.***

ir a a un no espectáculo ir	interés ir a ver de lugares	recuerdos ir a comprar
~~un comer a bar algo en ir~~	dar ir a el por parque un paseo	plaza ir a la ir a
ser maravilloso ir a	todo ir a las descubrir corridas sobre	

1 ¿Dónde vas a comer? *Voy a comer algo en un bar.*

2 ¿Adónde vais? ______________________

3 ¿Qué van a comprar? ______________________

4 ¿Adónde va a ir de paseo? ______________________

5 ¿Qué vas a ver? ______________________

6 ¿Cómo va a ser? ______________________

7 ¿Vas a ir al cine? ______________________

8 ¿Qué van a descubrir? ______________________

1 Answer the questions in Spanish.

1 ¿Se pueden comprar caramelos en la carnicería?

No. Se pueden comprar caramelos en la confitería.

2 ¿Se pueden comprar patatas en la farmacia?

____

3 ¿Se puede comprar un periódico en la joyería?

____

4 ¿Se puede comprar una gorra en el estanco?

____

5 ¿Se puede comprar un collar en la frutería?

____

6 ¿Se puede comprar un sello en la pescadería?

____

2 Fill in the gaps with a verb from the box and then translate the directions into English. You may use the verbs more than once.

pasa	cruza	gira	está	sigue	toma

1 __________ la plaza y después __________ la segunda calle a la izquierda. __________ al lado de la carnicería.

2 Primero __________ todo recto y después __________ la segunda calle a la derecha. __________ cerca, a mano izquierda.

3 __________ el puente y luego __________ en la esquina a la derecha. __________ al final de la calle, a mano derecha. No __________ muy lejos.

4 __________ el puente y __________ los semáforos. Luego __________ la primera calle a la derecha. No __________ lejos y __________ enfrente de la pescadería.

3 Look at the map. Write directions in Spanish in your exercise book/folder from X to any three shops on the map.

Use connectives to make your directions sound more authentic.

Pues.../entonces...

Primero.../después.../luego...

Ahora estás en...

Un poco más lejos...

3 Tomando tapas (pages 32–33)

1 *Fill in the gaps with the words/phrases from the box.*

está sucio	chuletas de cerdo
primer	un vaso limpio
voy a tomar	una ensalada
te gustan	me falta
algo más	agua con gas
te gusta	tengo mucha

a la plancha = *griddled*
a la romana = *in batter*

Camarero: ¿Qué van a tomar de (1) ______________ plato?

Marta: Tengo hambre, voy a tomar tortilla.

Paco: No sé. ¿Qué tal está el gazpacho?

Camarero: Está muy rico, señor.

Paco: Bueno, (2) ______________ gazpacho.

Camarero: ¿Y de segundo?

Marta: No sé. ¿No (3) ______________ las chuletas, Paco?

Paco: Sí, normalmente me gustan, pero de momento prefiero el pescado. Marta, ¿no (4) ______________ la paella?

Marta: ¡Uf, no! Me encanta el arroz, pero odio la paella. Prefiero la carne. Voy a tomar (5) ______________ con verduras.

Paco: Vale. ¿Hay calamares?

Camarero: Sí, hay calamares. ¿A la plancha o a la romana?

Paco: A la plancha. Y (6) ______________ de la casa.

Camarero: Muy bien. ¿Y para beber?

Marta: (7) ______________ sed. Una botella de (8) ______________ y un vino blanco, por favor.

Paco: Para mí, una cerveza.

Camarero: Muy bien. ¡Que aproveche!

...

Paco: Por favor, no hay sal y (9) ______________ la cuchara.

Camarero: En seguida se lo traigo. Lo siento, señor. ¿(10) ______________?

Marta: Sí. El vaso (11) ______________.

Camarero: Lo siento mucho. Aquí tiene (12) ______________.

...

Camarero: ¿Qué van a tomar de postre? Hay flan, helado y fresas.

Marta: Para mí, helado de vainilla. ¿Te gusta la fruta, Paco?

Paco: Me encanta la fruta. Voy a tomar fresas.

2 *Answer the questions fully in Spanish.*

1 ¿Qué va a tomar Paco de primer plato? ______________________________

2 ¿Marta va a tomar paella de segundo plato? ______________________________

3 ¿Qué va a tomar Paco con los calamares? ______________________________

4 ¿Por qué va a tomar Marta dos bebidas? ______________________________

5 ¿Paco va a beber limonada? ______________________________

6 ¿Qué le falta a Paco? ______________________________

7 ¿Qué van a tomar de postre? ______________________________

3 *Write these phrases in Spanish.*

1 I like beer, but I prefer wine. ____________________

2 Don't you like rice? ____________________

3 Don't you like squid? ____________________

4 I don't like salad much. ____________________

5 I hate vegetables, but I like tomatoes. ____________________

6 I love strawberry ice cream. ____________________

7 The plate is dirty. ____________________

G The verbs *faltar* and *encantar* work like *gustar*.

4 *Complete this dialogue with your choices from the menu.*

Camarero: ¿Qué van a tomar?

Tú: De primero ____________________.

Tu amigo: No sé. ¿Qué tal está ____________________?

Camarero: Está deliciosa, señor.

Tu amigo: Bueno, ____________________.

Camarero: ¿Y de segundo?

Tu amigo: Yo ____________________.
¿No te gusta ____________________?

Tú: Sí, normalmente ____________________,
pero ____________________.

Camarero: Muy bien. ¿Algo más?

Tú: Sí. Nos trae ____________________.

Camarero: Vale. ¿Y para beber?

Tú: Para mí, ____________________.

Tu amigo: Y para mí, ____________________.

Camarero: Muy bien. ¡Que aproveche!

...

Camarero: De postre, hay ____________________.

Tú: Me gusta ____________________. Voy a tomar ____________________.

Tu amigo: Yo también ____________________.

Camarero: En seguida, señores.

Restaurante La Giralda

Menú del día – 15€
pan y bebida incluido

Primer plato
ensalada de la casa
tortilla de espinacas
sopa de verduras

Segundo plato
merluza al vino
filete de ternera
pollo asado con patatas

Postre
tarta de manzana
helado de chocolate
flan

✪ Using expressions like *¡Qué rico!* and *¡Qué malo!* will make your dialogue more interesting.

4 En Sevilla (pages 34–35)

1 ***Read the text. Underline the verbs in the preterite and circle the verbs in the imperfect.***

El mes pasado estuve un fin de semana en Barcelona. Viajé en tren desde Sevilla. Fue barato, pero bastante largo. Sin embargo, el viaje mereció la pena. En Barcelona lo que más me gustó fue la arquitectura, que era muy original. El sábado visité la Sagrada Familia. La catedral era preciosa y las vistas desde la torre eran impresionantes. Saqué muchas fotos de la ciudad.

Después di un paseo por la calle más famosa de la ciudad: Las Ramblas. Lo que menos me gustó fue que había mucha gente, aunque había mucho que ver allí.

Al día siguiente di un paseo por el parque Güell. Tenía mucha sed porque hacía calor y tomé una limonada en el bar, que me pareció fantástico.

La comida en muchos restaurantes y bares era típica de la región y me encantó el pan con tomate. Voy a volver a Barcelona en primavera, porque es una ciudad preciosa y hay mucho más que hacer.

G Remember that the preterite is used for a completed action in the past, e.g. *comí paella*. The imperfect is used to describe what something was like, e.g. *hacía mucho calor.*

2 ***Find these phrases in Spanish in the text in exercise 1.***

1 The journey was worthwhile. ______________________

2 It was very original. ______________________

3 Afterwards I went for a stroll. ______________________

4 What I liked least was… ______________________

5 There is a lot more to do. ______________________

3 ***On a recent visit to Valencia you visited some of the tourist attractions listed below. Write an account of your visit in your exercise book/folder, using exercise 1 as a model.***

la Lonja (*old stock exchange*)	el Micalet (*bell tower*)	la catedral
el centro comercial	el puerto	la playa
las murallas antiguas (*original old walls of city*)	el mercado	el acuario
el recorrido de Fórmula 1 (*Formula 1 route*)		

★ Make your writing more interesting by adapting some of the phrases in activity 1.

1 ***Read the texts and underline the present, preterite and future tense verbs in three different colours.***

La popular fiesta valenciana, la 'Tomatina de Buñol', tiene lugar el veintisiete de agosto. Cinco camiones, llenos de tomates, pasan lentamente por las calles, mientras varios jóvenes lanzan esos tomates aplastados sobre los espectadores.

La fiesta empieza a las once de la mañana y termina a las doce de la noche, con fuegos artificiales. Este año más de cuarenta mil personas se lanzaron más de cien mil kilos de tomates. El Ayuntamiento puso un total de quinientas duchas y treinta servicios públicos para uso de los participantes.

Mañana, en La Pobla del Duc (dos mil seiscientos habitantes), se va a celebrar la tradicional "Guerra de la uva". A las diecinueve horas, el Ayuntamiento de este pueblo valenciano va a dar veinte mil kilos de uvas a vecinos y visitantes para la batalla festiva.

La Pobla del Duc y Buñol no son casos excepcionales, porque en muchas fiestas españolas hay, frecuentemente, lanzamientos de comida o de agua.

En Benicarló, otro pueblo valenciano, se celebró ayer el "Concurso de lanzamiento de jamón", que consistió en lanzar un jamón de cuatro kilos lo más lejos posible. El lanzamiento ganador de este año consiguió superar los diez metros con una paletilla (jamón).

aplastados = *squashed*
los fuegos artificiales = *fireworks*
lanzar = *to throw*
una paletilla = a *leg of ham*
el lanzamiento ganador = *the winning throw*

2 ***Read the texts in exercise 1 again and answer the questions in English below.***

1 What is thrown at the spectators in Buñol? ____________________

2 When will the battle of the grapes take place in La Pobla del Duc? ____________________

3 What is the only food thrown in Benicarló? ____________________

4 In which region do these three fiestas take place? ____________________

3 ***Explain the numbers from exercise 1 in English.***

a	27	*the date of the Tomatina*	**e**	19	____________
b	5	____________	**f**	20 000	____________
c	40 000	____________	**g**	4	____________
d	500	____________	**h**	10	____________

1 Unscramble the imperatives to complete the commands.

1 (ebbe) ¡__________ el agua lentamente!

2 (arbpeu) ¡__________ este postre, está delicioso!

3 (ahbal) ¡__________ despacio, por favor!

4 (ogec) ¡__________ el autobús, es más barato!

5 (azh) ¡__________ los deberes ahora!

6 (nev) ¡__________ al centro comercial!

2 Complete the English translations and match them to the Spanish commands from exercise 1.

a ___Take___ the bus, it is cheaper! 4 ¡Coge el autobús, es más barato!

b __________ to the shopping centre! ____________________

c __________ the water slowly! ____________________

d __________ the homework now! ____________________

e __________ slowly please! ____________________

f __________ this dessert, it is delicious! ____________________

3 Complete the verbs in the sentences below with the correct endings from the box.

-a -aron -an -a -ó -ó

1 ¡Camarero! Me falt________ los cubiertos.

2 El año pasado fui a Barcelona y me gust________ el parque Güell.

3 ¡Qué bueno! ¡Me encant________ el helado de chocolate!

4 No tengo aceite y me falt________ el vinagre.

5 Ayer comí en un restaurante típico y me encant________ las lentejas.

6 No me interes________ nada el programa de yoga que vi ayer.

G These verbs work like gustar:
encantar – to love
faltar – to lack/need
interesar – to be interested

4 Write the verbs in brackets in the correct tense: preterite/imperfect/near future.

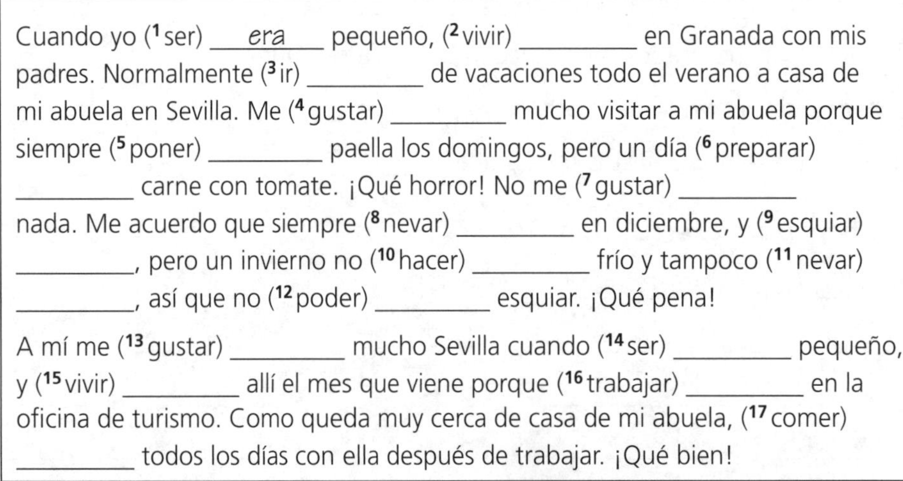
Cuando yo (1 ser) ___era___ pequeño, (2 vivir) __________ en Granada con mis padres. Normalmente (3 ir) __________ de vacaciones todo el verano a casa de mi abuela en Sevilla. Me (4 gustar) __________ mucho visitar a mi abuela porque siempre (5 poner) __________ paella los domingos, pero un día (6 preparar) __________ carne con tomate. ¡Qué horror! No me (7 gustar) __________ nada. Me acuerdo que siempre (8 nevar) __________ en diciembre, y (9 esquiar) __________, pero un invierno no (10 hacer) __________ frío y tampoco (11 nevar) __________, así que no (12 poder) __________ esquiar. ¡Qué pena!

A mí me (13 gustar) __________ mucho Sevilla cuando (14 ser) __________ pequeño, y (15 vivir) __________ allí el mes que viene porque (16 trabajar) __________ en la oficina de turismo. Como queda muy cerca de casa de mi abuela, (17 comer) __________ todos los días con ella después de trabajar. ¡Qué bien!

Look at keywords and time expressions to see when events took place.

Vocabulario

Mi vida *My life*

¿Cómo eres?	*What are you like?*
¿Cómo te llamas?	*What's your name?*
Me llamo…	*My name is…*
¿Cuántos años tienes?	*How old are you?*
Tengo… años.	*I'm… years old.*
¿De dónde eres?	*Where are you from?*
Soy de…	*I'm from…*
¿Dónde vives?	*Where do you live?*
Vivo en…	*I live in…*
¿Cómo eres?	*What are you like?*
Soy…	*I'm…*
¿Qué haces en tu tiempo libre?	*What do you do in your free time?*
leo y escribo correos/mi blog	*I read and write emails/my blog*
navego por Internet	*I surf the net*
descargo música	*I download music*
juego con el ordenador	*I play on my computer*
chateo	*I chat (online)*
salgo con mis amigos	*I go out with my friends*
voy de compras	*I go shopping*
compro maquillaje y ropa	*I buy make-up and clothes*
veo la televisión	*I watch TV*
voy al cine/teatro	*I go to the cinema/theatre*

¿Qué tiempo hace? What's the weather like?

Hace buen tiempo.	*The weather's good.*
Hace mal tiempo.	*The weather's bad.*
Hace calor.	*It's hot.*
Hace frío.	*It's cold.*
Hace sol.	*It's sunny.*
Hace viento.	*It's windy.*
Hay niebla.	*It's foggy.*
Hay tormenta.	*It's stormy.*
Está nublado.	*It's cloudy.*
Está despejado.	*It's clear.*
Llueve.	*It's raining.*
Nieva.	*It's snowing.*
Cuando… pero cuando…	*When… but when…*

En ruta *En route*

el autobús	*bus*
el autocar	*coach*
el avión	*plane*
el barco	*boat*
el coche	*car*
el metro	*metro*
el monopatín	*skateboard*
el tren	*train*
la bicicleta	*bicycle*
la moto	*scooter*
el tranvía	*tram*
a pie	*on foot*
la parada	*(bus) stop*
a veces	*sometimes*
frecuentemente	*frequently*
generalmente	*generally*
normalmente	*usually*
solamente	*only*
prefiero ir/voy…	*I prefer to go/I go…*
porque es…	*because it is…*
La gente me molesta.	*People annoy me.*
Me da independencia.	*It gives me independence.*
Me gusta leer/escuchar música en…	*I like to read/listen to music on…*
Odio esperar.	*I hate waiting.*
¿A qué hora sale el primer/último/próximo tren?	*What time does the first/last/next train go?*
¿De qué andén sale?	*Which platform does it leave from?*
¿A qué hora llega?	*What time does it arrive?*
¿Es directo?	*Is it direct?*
el billete de ida y vuelta	*return ticket*
la llegada	*arrival*
la sala de espera	*waiting room*
la salida	*exit*
la taquilla	*ticket booth*

La oficina de turismo *The tourist office*

¿Qué se puede hacer/ver/visitar?	*What can you do/see/visit?*
¿Qué vas a hacer en…?	*What are you going to do in…?*
¿Cómo va a ser?	*What's it going to be like?*
¿Cómo se va al/a la…?	*How do you get to…?*
¿Cuánto tiempo dura?	*How long does it last?*
¿Cuándo abre/cierra…?	*When does… open/close?*
¿A qué hora abre/cierra…?	*What time does… open/close?*
el centro comercial	*shopping centre*
primero	*first*
por la mañana	*in the morning*
luego	*then*
por la tarde	*in the afternoon*
por la noche	*at night*
vamos a…	*we're going to…*
voy a…	*I'm going to…*
comprar recuerdos	*buy souvenirs*
comer algo	*eat something*
dar un paseo por…	*walk around…*
descubrir todo sobre las corridas	*find out all about bullfighting*
disfrutar de unas vistas espléndidas	*enjoy some splendid views*
sacar fotos	*take photos*
subir a la torre	*go up the tower*
ver lugares de interés	*see places of interest*
Va a ser…	*It's going to be…*
También vamos a…	*We're also going to…*
porque me encanta/me gusta mucho…	*because I love/like it a lot…*

Comprando recuerdos *Buying souvenirs*

¿Dónde se puede comprar un collar?	*Where can you buy a necklace?*
un abanico	*a fan*
una camiseta	*a t-shirt*
un chorizo	*a Spanish sausage*
una gorra	*a cap*
una muñeca	*a doll*
unos pendientes	*earrings*
unas postales	*some postcards*
una taza	*a mug*
el estanco	*tobacconist's*
el quiosco	*kiosk*

Vocabulario (continued)

el supermercado	*supermarket*	la joyería	*jeweller's*
la carnicería	*butcher's*	la panadería	*baker's*
la confitería	*sweet shop*	la pescadería	*fishmonger's*
la farmacia	*chemist's*	la tienda de recuerdos	*souvenir shop*
la frutería	*greengrocer's*	la tienda de ropa	*clothes shop*

¿Por dónde se va al/a la...? *How do you get to...?*

Cruza la plaza.	*Cross the square.*	Está al lado del/de la...	*It's next to the...*
Gira en la esquina.	*Turn the corner.*	Está enfrente del/de la...	*It's opposite the...*
Cruza el puente.	*Cross the bridge.*	Está cerca.	*It's near.*
Pasa los semáforos.	*Go past the traffic lights.*	Está lejos.	*It's far.*
Toma la primera calle a la derecha.	*Take the first street on the right.*	A ver.../Pues.../Entonces...	*Let's see.../Next.../Then...*
		Primero...	*First...*
Toma la segunda calle a la izquierda.	*Take the second street on the left.*	Después...	*After...*
		Luego...	*Then...*
Sigue todo recto.	*Go straight on.*	Ahora estás en...	*Now you're at...*
Está a mano izquierda/derecha.	*It's on the left-/right-hand side.*	Un poco más lejos...	*A little further...*
Está al final de la calle.	*It's at the end of the street.*		

Tomando tapas *Eating tapas*

tener hambre/sed	*to be hungry/thirsty*	De postre	*For dessert*
Me gusta...	*I like...*	Voy a tomar...	*I'm going to have...*
el gazpacho	*gazpacho (chilled soup)*	No hay sal/aceite/vinagre.	*There's no salt/oil/vinegar.*
las lentejas con chorizo	*lentils with sausage*	Está muy salado/a.	*It's very salty.*
el jamón serrano	*Serrano ham*	El plato/vaso está sucio.	*The plate/glass is dirty.*
la sopa de ajo	*garlic soup*	El vino está malo.	*The wine is off.*
la tortilla de patatas	*potato omelette*	Me falta el cuchillo.	*I haven't got a knife.*
la merluza en salsa verde	*hake in a parsley and wine sauce*	Me falta la cuchara.	*I haven't got a spoon.*
la paella	*paella*	Me falta el tenedor.	*I haven't got a fork.*
la chuleta de cerdo con verduras	*pork chop with vegetables*	¿Me pone...?	*Could I have...?*
el filete de ternera	*fillet of veal*	¿Y para beber?	*And to drink?*
los calamares	*squid*	¿Algo más?	*Anything else?*
las gambas al ajillo	*prawns with garlic*	Nada más.	*Nothing else.*
judías verdes con jamón	*broad beans with ham*	La cuenta por favor.	*The bill, please.*
pescaito frito	*fried fish*	¡Que aproveche!	*Enjoy your meal!*
los postres	*dessert*	la especialidad de la casa	*house speciality*
el flan	*crème caramel*	el menú	*the menu*
helados de...	*...ice cream*	rico	*delicious*
la tarta de queso	*cheesecake*	¿El servicio está incluido?	*Is service included?*
el agua mineral con gas/sin gas	*sparkling/still mineral water*	la propina	*tip*
De primer/segundo plato	*For starter/main course/*		

En Sevilla *In Seville*

¿Adónde fuiste?	*Where did you go?*	Había...	*There was/were...*
Fui a...	*I went to...*	¿Visitaste la ciudad a pie?	*Did you visit the city on foot?*
¿Cuánto tiempo pasaste allí?	*How much time did you spend there?*	Visité la cuidad a pie/en...	*I visited the city on foot/by...*
		¿Qué tiempo hizo?	*What was the weather like?*
Pasé...	*I spent...*	Hizo...	*It was...*
¿Qué tal tu visita a (Londres)?	*How was your visit to (London)?*	¿Qué tal la comida?	*How was the food?*
Lo pasé guay/fenomenal.	*It was great/wonderful.*	La comida estaba...	*The food was...*
Compré...	*I bought...*	¿Qué es lo que más te gustó?	*What did you like best?*
Di un paseo por...	*I had a walk round...*	Lo que más/menos me gustó fue/fueron...	*What I liked best/least was/were...*
Disfruté de vistas...	*I enjoyed... views*		
Fui a...	*I went to...*	Pero no me gustó...	*But I didn't like...*
Saqué...	*I took...*	¿Vas a volver?	*Will you go back?*
Subí a la torre...	*I went up the...tower*	Por un lado... por otro lado...	*On one hand... on the other hand...*
Vi...	*I saw...*		
La Giralda era...	*The Giralda was...*		

Las fiestas *Festivals*

Es una fiesta...	*It's a... festival*	Hacemos regalos.	*We give presents.*
Decoramos las casas/un árbol de navidad.	*We decorate the houses/a Christmas tree.*	Cocinamos.	*We cook.*
		Cenamos...	*We eat... for dinner.*
Viene mucha gente.	*A lot of people come.*	celebramos	*we celebrate*
Preparamos comida para todo el mundo.	*We prepare food for everyone.*	Hay un ambiente muy especial.	*There's a very special atmosphere.*
		los fuegos artificiales	*fireworks*

***1* Fill in the gaps and then translate the sentences into English in your exercise book/folder.**

1 Me encant________ la inform________ porque es prá________.

2 No me gust________ las matemá________ porque ________ complicad________.

3 Od________ el dibujo porque ________ muy difí________.

4 Me encant________ ________ ciencias porque son útil________.

5 Me gust________ mucho ________ teatro porque ________ divert________.

6 Prefi________ ________ mús________ porque es muy entreten________.

***2* Put the text in the correct order by numbering the fragments below.**

a	países. La asignatura que menos le gusta a Sofía es el inglés porque es aburrido. Yo también	
b	geografía porque nos gusta mucho viajar y aprender cosas de otros	
c	gusta mucho porque es bastante difícil. Ella	
d	prefiere las asignaturas como las ciencias y las matemáticas porque son fáciles	
e	e interesantes. La asignatura que más le gusta es la historia	
f	odio el inglés y prefiero los idiomas como el español o el francés porque son útiles.	
g	es Sofía. Mi asignatura preferida es el dibujo porque es	
h	¡Hola! Me llamo Sara y mi mejor amiga del instituto	1
i	práctico y porque me encanta el arte moderno, pero a Sofía no le	
j	porque le encanta memorizar datos y fechas. Nos encanta la	

***3* Answer these questions in Spanish.**

1 ¿Tienes clase de español los lunes? ______________________________

2 ¿Qué días tienes clase de inglés? ______________________________

3 ¿Te gustan las ciencias? ¿Por qué?/¿Por qué no? ______________________________

4 ¿A qué hora tienes matemáticas? ______________________________

5 ¿Qué prefieres, la música o la informática? ¿Por qué? ______________________________

6 ¿Cuál es tu asignatura favorita? ______________________________

Try to include connectives like *también*, *además* and *porque* to extend your answers, and try to give reasons where appropriate.

1 *Read the text and find the expressions below in Spanish.*

En verano voy andando al instituto porque siempre hace sol. Por la tarde, después del instituto, mi amigo Pablo y yo cogemos el metro para ir a la piscina porque preferimos llegar rápido. En invierno nunca hace buen tiempo y voy en autobús al instituto. Una vez a la semana voy a ensayar con la orquesta porque toco el piano, y como termino muy tarde, necesito coger el autobús. Mi padre va al trabajo en coche cuando empieza muy temprano, pero a menudo va en bicicleta porque prefiere hacer ejercicio. Mi madre prefiere coger el tren cuando va al club de tenis y a veces vuelve a casa en el coche de una amiga.

1 in summer *En verano*
2 always ____________
3 in the afternoon ____________
4 never ____________
5 once a week ____________
6 after ____________
7 very late ____________
8 very early ____________
9 often/frequently ____________
10 sometimes ____________

2 *In the text in exercise 1 find:*

1 Four different verbs in the 'yo' form *voy* ______ ______ ______
2 Four different verbs in the 'él/ella' form ______ ______ ______ ______
3 Two different verbs in the 'nosotros/as' form ______ ______

3 *Answer the questions about your school day in Spanish.*

1 ¿Cómo vas al instituto en primavera? ____________
2 ¿Cómo vuelves del instituto en verano? ____________
3 ¿Prefieres ir andando o en coche cuando hace calor? ____________
4 ¿Te gusta ir al colegio en bicicleta? ____________
5 ¿Qué haces a la hora de comer? ____________
6 ¿Vas a algún club en el instituto? ____________
7 ¿Qué haces después del colegio en verano? ____________
8 Y tu amigo/a, ¿cómo prefiere ir al instituto? ____________

Adding time expressions such as those that you identified in exercise 1 will add length and complexity to your sentences and increase your chances of getting a high grade.

1 Unscramble the phrases in the boxes and use them to complete the statements about school below.

informática como de instalaciones aulas

muy por lado ruidoso es otro pero

estrictos tolerantes profesores no los son muy son y

~~atletismo no de hay una hay piscina pista y~~

y ordenadores libros nueva con diez muchos

inglés física y educación matemáticas

1 Lo que menos me gusta es que no hay piscina y no hay una pista de atletismo.
2 Por un lado es bueno porque mi colegio es grande, ______________________
3 Es un instituto bastante moderno con muy buenas ______________________
4 En mi instituto es obligatorio estudiar ______________________
5 Lo bueno es que hay una biblioteca muy ______________________
6 Lo que más me gusta es que ______________________

2 Fill in the verbs in the present or imperfect tense and then translate the sentences into English.

> **G** The imperfect tense describes what things were like or used to be like. There are only three irregulars: *ser*, *ir* and *ver*.

1 Lo que más me gusta es que ahora mi colegio (ser)______________ mixto, pero antes (ser)______________ masculino.

____

2 Hoy (ir)______________ en autobús, pero cuando (tener)______________ diez años (ir) ______________ en coche.

____

3 Hoy la comida (ser)______________ variada y muy buena, pero en los años sesenta (ser) ______________ horrible.

____

4 Normalmente (empezar)______________ el insti a las nueve, pero cuando (ser) ______________ pequeño (empezar)______________ a las ocho y media.

____

5 Lo bueno es que hoy (haber)______________ muchas instalaciones buenas, pero antes (haber)______________ muy pocas.

____

1 ***Find eight adjectives in the wordsearch. Use these adjectives to complete the sentences below.***

p	r	á	c	t	i	c	a	e
c	n	m	o	r	a	d	o	d
ó	e	j	r	b	f	n	i	o
m	g	s	b	l	p	q	c	r
o	r	f	e	a	s	v	y	o
d	o	k	l	n	g	z	w	j
o	s	t	u	c	m	x	h	a
e	l	e	g	a	n	t	e	s

cómodo	práctica	rojas	elegantes
feas	blanca	morado	negros

1 Llevo un jersey __________. Es bastante bonito y __________.

2 Odio mi falda __________ porque no es muy __________.

3 No me gustan las medias __________ porque son muy __________.

4 Me encantan los pantalones __________ porque son muy __________.

2 ***Complete the exclamations using the half words in the box. Then translate the exclamations into English.***

-enza	-a	-ío	-rror	-en	-rte	-uay	-al

1 ¡Qué m*al*________! *How bad!*

2 ¡Qué g________! ________________

3 ¡Qué vergü________! ________________

4 ¡Qué sue________! ________________

5 ¡Qué ho________! ________________

6 ¡Qué bi________! ________________

7 ¡Qué v________! ________________

8 ¡Qué l________! ________________

3 Read the texts and answer the questions that follow, in English.

¡Hola! Me encanta mi colegio y lo bueno es que no es obligatorio llevar uniforme. ¡Qué suerte! Generalmente llevamos vaqueros y un jersey. En mi opinión los vaqueros son mucho más prácticos y cómodos que el uniforme. También me gusta mucho mi colegio porque no hay muchas normas. Creo que los alumnos tienen que ser puntuales y amables. Lo que más me gusta es que se puede llevar maquillaje y piercings. ¡Qué guay! También se permite el móvil. ¡Qué bien! Pero claro, no se permite usar el móvil en clase.

Hasta luego, **Ana**

¿Qué tal en tu insti? Odio el uniforme porque en mi instituto se debe llevar una chaqueta roja. ¡Qué fea! También se debe llevar una corbata gris y pantalones negros. ¡Qué mal! Lo malo de mi insti es que tiene unas normas muy estrictas. No se permite salir del instituto durante la hora de comer. Tampoco se permite comer chicle. Por un lado se permite el móvil en el insti, pero por otro lado está prohibido tener el MP3. Lo que menos me gusta es que está prohibido llevar maquillaje y además, no se pueden llevar joyas. ¡Qué horror!

Hasta pronto, **Marta**

1 Who hates her uniform? ____________________

2 Who thinks the rules are OK? ____________________

3 Who thinks jeans are more comfortable than school uniform? ____________________

4 Who cannot leave school during lunch break? ____________________

5 Who is not allowed to chew gum? ____________________

6 Who is allowed to have a mobile at school? ____________________

7 Who is allowed to wear make-up? ____________________

4 Write an email in Spanish about the rules in this school.

Remember to add interesting phrases, such as exclamations, to your writing, as it will improve your grades!

1 Complete the sentences with the correct words or word endings.

-a   que   -os   la   -a   -os   -a   -or   -as   -o   tan

1 Mi profesor de francés es buen________, pero mi profesora de historia es ________ mejor.

2 La profesor________ de dibujo es antipátic________ y es peor ________ el profes________ de teatro.

3 L________ profesores de ciencias son más sever________ que las profesor________ de matemáticas.

4 Mi profesora de español es ________ entretenid________ como mi profesor de francés.

2 Indicate with ☺ or ☹ whether each of the sentences is positive or negative. Then translate the sentences into English.

1 A mi parecer, mi profesora de música es bastante simpática porque es paciente. ☐

____

2 Para mí, la profesora de historia es peor que el profe de geografía porque es menos inteligente. ☐

____

3 Creo que el profesor de informática es muy severo y estoy harto de estudiar esta asignatura. ☐

____

4 En mi opinión, la mejor profesora es la profesora de teatro porque siempre es activa y divertida. ☐

____

5 Estoy en contra de llevar uniforme porque es incómodo; sin embargo, es bastante elegante. ☐

____

3 Write three sentences in Spanish about your teachers. Use exercise 2 to help you.

1 A mi parecer, ____

2 Creo que ____

3 Para mí, ____

Remember to make your adjectives agree with the noun they describe, and remember to justify your opinions with reasons.

4 El acoso escolar (pages 56–57)

1 ***Read Paco's blog, and then underline the phrases that follow where they appear in Spanish in the text.***

Ayúdame, por favor. Estoy muy triste porque todo me va mal en el insti. No estoy bien porque siempre saco muy malas notas, especialmente en los exámenes. El viernes tengo un examen de inglés y estoy muy estresado porque no es fácil preparar las presentaciones orales. Para mí es difícil repasar los apuntes para los exámenes en casa, porque tengo un hermano pequeño que es muy ruidoso. No voy a copiar, aunque una chica de mi clase me dice que es normal. Tengo otro problema: los profesores no me entienden y a menudo son muy severos y antipáticos conmigo.

Lo peor de todo es que hay un chico que me acosa en el insti. Ayer este chico me grabó en su móvil durante el recreo, cuando estaba en el patio. En mi opinión no es bueno usar el móvil para grabar a otros sin permiso. Después el chico me pegó en el aula de informática. Creo que se debería respetar a los demás y no se debería pegar a nadie.

No tengo muchos amigos porque empecé en el insti el mes pasado. Necesito un amigo. Aunque el director dice que no permite el acoso escolar y que ocurre raras veces, no hace nada. Estoy desesperado. ¿Qué puedo hacer? No quiero ir al insti nunca más.

Paco

1 I always get very bad marks
2 It's difficult to revise
3 I'm not going to cheat
4 To film others without permission
5 Afterwards, the boy hit me
6 You should respect others
7 It rarely happens

2 ***Circle the four correct sentences from the eight sentences below.***

1 Everything is going well for Paco at school.
2 He finds it easy to prepare for oral exams.
3 He can't study at home because of the noise.
4 His teachers don't understand him.
5 Someone filmed Paco without his permission at break.
6 The IT teacher saw the boy hit Paco.
7 Paco is new to the school.
8 The headteacher deals severely with bullying.

3 ***Identify which of the following statements are true (T) and which are false (F). Correct the false statements in Spanish.***

1 Paco nunca está estresado. [F] *Está estresado siempre/muchas veces.*
2 Necesita un sitio tranquilo para estudiar. [ ] ____________________
3 Es difícil prepararse para los exámenes orales. [ ] ____________________
4 Va a copiar. [ ] ____________________
5 Los profesores son muy amables. [ ] ____________________
6 No tiene muchos amigos. [ ] ____________________
7 A Paco le gusta ir al instituto. [ ] ____________________

5 El cole del futuro (pages 58–59)

1 *Read the text and then number the English phrases below in the order in which they appear in the text.*

Los colegios del futuro serán mejores y diferentes. Estarán en las montañas, donde el aire estará muy limpio y no habrá ruido de coches. En los colegios habrá muchas aulas muy grandes porque la población será mayor. Los alumnos podrán ir al colegio en helicóptero o avión y volverán a casa esquiando. Todos los alumnos tendrán su propio portátil. No tendrán libros, ni cuadernos tradicionales y estudiarán asignaturas muy divertidas. Los deberes y los exámenes no existirán. Tendrán la oportunidad de estudiar bachillerato, o harán ciclos formativos y aprenderán un oficio, por ejemplo fontanero. Todos los colegios tendrán campos de deporte y piscinas. Habrá comida sana, deliciosa y barata en los comedores. Durante el recreo los profesores bailarán y cantarán música pop en la sala de juegos. Las clases durarán quince minutos. No habrá problemas entre alumnos y todos estudiarán juntos.

a Pupils will travel to and from school in different ways. ☐

b Teachers will entertain pupils during break. ☐

c The schools will be located in a quiet place. ☐

d Food will be healthy and will not be expensive. ☐

e Pupils will have a choice of curriculum. ☐

f Everyone will get on well together. ☐

g The increase in population size means classrooms will be very big. ☐

2 *Select the correct question word from the box to complete each question. Some question words will be used more than once.*

¿ Cómo — A qué hora — Qué — Cuánto — Dónde ?

1 ¿__________ estará el colegio del futuro?

2 ¿__________ instalaciones tendrá el colegio?

3 ¿__________ profesores habrá?

4 ¿__________ serán los profesores?

5 ¿__________ clubs habrá?

6 ¿__________ empezará el instituto?

7 ¿__________ uniforme tendrán los alumnos?

8 ¿__________ serán las aulas?

9 ¿__________ asignaturas habrá?

10 ¿__________ estudiarás?

Remember that *¿Cuánto?* matches the noun it is with: *Cuánto/a/os/as.*

3 *Describe your school of the future in Spanish in your exercise book/folder. Try to answer the questions from exercise 2, and add detail.*

*Creo que el colegio del futuro estará en…*____________________

____

____

1 ***Write in the correct form of the future tense.***

1 Miguel (ser) __________ mecánico.
2 (yo viajar) __________ en autobús.
3 (nosotras comprar) __________ las entradas.
4 (tú sacar) __________ muchas fotos.
5 Carmen y Lucía (escribir) __________ postales.
6 (vosotros bailar) __________ flamenco.

2a ***Look at the underlined phrases in the text below and identify if they are present, past or future phrases.***

Present	Past	Future
	antes	

Los años pasados eran peores que hoy

Cuando mis abuelos (1) *eran/son/serán* jóvenes, siempre (2) *juegan/jugaban/jugarán* en la calle, pero hoy todo (3) *era/es/será* muy diferente porque (4) *había/habrá/hay* más coches que antes en la calle y creo que ahora (5) *era/será/es* más peligroso. Mañana por la tarde nosotros (6) *vemos/veremos/veíamos* una película en DVD, pero mi abuela siempre me decía que cuando ella (7) *tengo/tendré/tenía* once años, los DVD no (8) *existen/existían/existirán*. Mi abuela (9) *iba/irá/va* andando al cine con sus padres cuando (10) *era/es/será* pequeña. Los padres de mi abuela (11) *preferían/prefieren/preferirán* salir los viernes por la noche. Había menos tecnología en casa. Cuando hablo con mi abuela, creo que lo mejor de hoy (12) *era/es/son* la tecnología y lo peor del pasado (13) *será/era/son* el colegio, porque los profesores no (14) *es/eran/serán* tan simpáticos como ahora. Las asignaturas que estudian los alumnos hoy son mejores. Por otro lado, en los años cincuenta es verdad que no (15) *había/habrá/hay* tantos problemas como la violencia, y tampoco existía tanta basura. Sin embargo, lo bueno de hoy, en mi opinión, es que mi colegio tiene mejores instalaciones que el colegio de mis abuelos. Creo que la vida en los años cincuenta (16) *será/es/era* peor que la vida de hoy.

2b ***Circle the correct form of the verbs in italics in the text above.***

3 ***Translate the following sentences into Spanish in your exercise book/folder.***

1 He used to play football in the seventies. Jugaba al fútbol en los años setenta.
2 I always used to go to the cinema on Saturday nights.
3 There is more rubbish now than in the past.
4 There will be much more traffic tomorrow afternoon.
5 The worst thing at school last year was the violence.
6 The best thing next year will be more advanced technology.
7 There were as many male teachers as female teachers when I was young.

Think about the time expression. It will help you decide which tense to use.

Vocabulario

Las asignaturas *Subjects*

las asignaturas	*subjects*
el comercio	*business studies*
el dibujo	*art*
el español	*Spanish*
el francés	*French*
el inglés	*English*
el teatro	*drama*
la educación física	*PE*
la geografía	*geography*
la historia	*history*
la informática	*ICT*
la música	*music*
la religión	*RE*
la tecnología	*D&T*
los idiomas	*languages*
las ciencias	*science*
las matemáticas	*maths*
(No) me gusta(n)	*I (don't) like*
Me encanta(n)	*I love*
Me gusta(n) mucho	*I like... very much*
No me gusta(n) nada	*I don't like... at all*
Odio	*I hate*
Mi asignatura preferida es...	*My favourite subject is...*
porque es.../son...	*because it is/they are...*
A él/ella (no) le gusta la música porque es...	*He/she (doesn't like) likes music because...*
mi horario	*my timetable*
el lunes	*on Monday*
el martes	*on Tuesday*
el miércoles	*on Wednesday*
el jueves	*on Thursday*
el viernes	*on Friday*
el sábado	*on Saturday*
el domingo	*on Sunday*
¿Cuándo tienes...?	*When do you have...?*
¿Qué día tienes (inglés)?	*What day do you have (English)?*
Tengo inglés los martes.	*I have English on Tuesdays.*
¿A qué hora tienes...?	*What time do you have...?*
A la una/A las dos	*At one o'clock/At two o'clock*
...y/menos cuarto	*quarter past/to...*
...y/menos cinco	*five past/to...*
...y media	*half past...*
¿Qué hora es?	*What time is it?*
Es la una.	*It's one o'clock.*
Son las...	*It's... o'clock.*

En clase *In class*

la primavera	*spring*
el verano	*summer*
el otoño	*autumn*
el invierno	*winter*
¿Cómo vas al colegio?	*How do you get to school?*
Voy andando/a pie.	*I walk.*
Voy en...	*I go by...*
¿Cómo vuelves del colegio?	*How do you come back from school?*
vuelvo...	*I come back...*
¿A qué hora empiezan tus clases?	*What time do your classes start?*
Empiezan a las...	*They start at...*
¿A qué hora terminan tus clases?	*What time do your classes finish?*
Terminan a las...	*They finish at...*
¿A qué hora es el recreo/ la hora de comer?	*What time is break/lunchtime?*
Es a las...	*It's at...*
¿Qué haces en clase?	*What do you do in class?*
¿Qué tienes que llevar a clase?	*What do you need to take to class?*

¿Cómo es tu insti? *What's your school like?*

un campo de fútbol	*a football pitch*
un comedor	*a canteen*
un gimnasio	*a gym*
un patio	*a playground*
un salón de actos	*a drama studio*
una biblioteca	*a library*
una piscina	*a swimming pool*
una pista de atletismo	*an athletics track*
una sala de profesores	*a staffroom*
unos laboratorios	*science labs*
unos vestuarios	*cloakrooms*
unas aulas	*classrooms*
Lo bueno/malo es que...	*The good/bad thing is that...*
Lo que más/menos me gusta...	*What I like most/least is...*
Por un lado... por otro lado...	*On one hand... on the other hand...*
Voy a...	*I go to...*
Es un colegio...	*It is a... school*
femenino/masculino/mixto	*girls'/boys'/mixed*
privado/público	*private/public*
un colegio especializado en...	*a school that specialises in...*
Las clases empiezan a las... y terminan a las...	*Classes start at... and finish at...*
pero no tenemos ni... ni...	*but we don't have either... or...*
Tampoco hay...	*There isn't/aren't... either*
Estoy en segundo de la ESO.	*I'm in the second year of school. (Y9 equivalent)*
tercero de la ESO	*third year of school (Y10 equivalent)*
cuarto de la ESO	*fourth year of school (Y11 equivalent)*
Hay quinientos alumnos.	*There are 500 pupils.*
Hay sesenta profesores.	*There are 60 teachers.*
(No) llevamos uniforme.	*We (don't) wear uniform.*
En mi cole hay/no hay...	*My school has/doesn't have...*
unas instalaciones buenas/ malas	*good/bad facilities*
Antes había...	*Before, there was/were...*
más/menos...	*more/fewer*
No teníamos...	*We didn't have...*
ordenadores	*computers*
pizarras interactivas	*interactive whiteboards*
En las aulas había pizarras.	*The classrooms had blackboards.*
Todos estudiaban...	*Everyone studied...*
El colegio/el edificio era más grande/pequeño.	*The school/building was bigger/smaller.*
Los profesores eran más/ menos...	*The teachers were more/less...*

Las normas del insti *School rules*

Normalmente	*Usually*	amarillo	*yellow*
Tengo que llevar…	*I have to wear…*	azul	*blue*
Tenemos que llevar…	*We have to wear…*	blanco	*white*
(No) llevo…	*I (don't) wear…*	gris	*grey*
(No) llevamos…	*We (don't) wear…*	negro	*black*
Es obligatorio.	*It's compulsory.*	marrón	*brown*
un jersey	*a sweater*	morado	*purple*
un vestido	*a dress*	naranja	*orange*
una camisa	*a shirt*	rojo	*red*
una camiseta	*a t-shirt*	rosa	*pink*
una chaqueta (de punto)	*a jacket (blazer)*	verde	*green*
una corbata	*a tie*	oscuro/claro	*dark/light*
unos calcetines	*socks*	de rayas	*striped*
una falda	*a skirt*	Los alumnos tienen que ser…	*Pupils have to be…*
unos pantalones	*trousers*	Los alumnos no deben ser…	*Pupils shouldn't be…*
unos vaqueros	*jeans*	Está prohibido…	*… is not allowed*
unos zapatos	*shoes*	No se permite…	*… is not permitted*
unas medias	*tights*	No se debe…	*You shouldn't…*

Los profesores *Teachers*

Es…	*He/She is…*	Para mí…	*As for me…*
Mi profe de… es más/menos… que…	*My… teacher is more/less… than…*	Pienso que/Creo que…	*I think that…*
		Por ejemplo…	*For example…*
Mi profe de… es mejor/peor que…	*My… teacher is better/worse than…*	(No) estoy de acuerdo (con)…	*I (don't) agree (with)…*
		Estoy a favor (de)…	*I'm in favour of…*
tan… como	*as… as…*	Estoy en contra (de)…	*I'm against…*
el/la más	*the most*	Estoy harto de…	*I'm fed up with…*
el/la menos	*the least*	¿Y tú?/¿Y usted?	*And you?*
el/la mejor	*the best*	¡Claro!	*Indeed!*
el/la peor	*the worst*	Es verdad.	*That's true.*
¿Qué opinas del profesor de (ciencias)?	*What do you think of the (science) teacher?*	Pero…	*But…*
		¡Por supuesto!	*Of course!*
¿Qué te parece la profesora de (inglés)?	*What do you think of the (English) teacher?*	Sin embargo…	*Nevertheless…*
		enseñar bien/mal	*to teach well/badly*
Creo que mi profesor de…	*I think that my… teacher*	Nos pone demasiado deberes.	*He/She gives us too much homework.*
Me parece que…	*It seems to me that…*		

El acoso escolar *School bullying*

En mi opinión…	*In my opinion…*	No es fácil…	*It isn't easy…*
el acoso escolar	*bullying*	sacar buenas notas	*to get good grades*
el ataque físico	*physical attack*	prepararse para las presentaciones orales	*to prepare yourself for oral presentations*
el fracaso escolar	*failure at school*		
el estrés de los exámenes	*exam stress*	repasar los apuntes para los exámenes	*to revise for exams*
la presión del grupo	*peer pressure*		
hacer novillos	*to skip a class*	(No) se debería…	*You should (not)…*
…es un problema serio	*…is a serious problem*	respetar	*to respect*
…es el peor problema	*…is the worst problem*	maltratar	*to ill-treat*
…es una tontería	*…is ridiculous*	insultar	*to insult*
…ocurre frecuentemente	*…happens frequently*	golpear	*to hit*
…ocurre raras veces	*…rarely happens*	intimidar	*to intimidate*
…es normal	*…is normal*	a los demás	*others*
Es difícil…	*It is difficult…*	Hay…/Existe(n)…/Tenemos…	*There is/are…/We have…*

El cole del futuro *The school of the future*

¿Cómo será el cole del futuro?	*What will the school of the future be like?*	El colegio del futuro (no) tendrá…	*The school of the future (won't) have…*
¿Qué harán los profesores?	*What will the teachers do?*	En el colegio del futuro…	*In the school of the future…*
¿A qué hora empezará/terminará el colegio?	*What time will school start/finish?*	(no) podrás…	*you (won't) be able to…*
		(no) deberás…	*you won't/will have to…*
¿Cuántos alumnos habrá en el colegio?	*How many pupils will there be in school?*	(no) será obligatorio…	*It will (not) be compulsory to…*
		Los alumnos irán al cole…	*Pupils will go to school…*
En el colegio del futuro (no) habrá… /(no) tendremos…	*In the school of the future there (won't) be…/we (won't) have…*		

1 Using the family tree, fill in the gaps in Miguel's email below with a possessive adjective.

Remember that a possessive adjective must agree with the person or object that it is describing. For example, Miguel and Juan would say *nuestras abuelas* (our grandmothers).

¡Hola!

(1) ___Mis___ padres se llaman Roberto y Ana. (2)__________ padre no tiene hermanos. (3)__________ padre se llama Andrés y (4)__________ madre se llama Amparo. Amparo tiene ochenta y dos años. (5)__________ hermano se llama Juan. (6)__________ madre se llama Ana, y (7)__________ hermanas se llaman Carmen y María. Ellas son (8)__________ tías y (9)__________ hijos, Sara y Marcos, son (10)__________ primos. Sara tiene diez años y Marcos tiene seis años.

¿Y tú? ¿Cómo se llaman (11)__________ padres?

Hasta pronto, **Miguel**

2 Read about Cenicienta (Cinderella). Underline the 20 mistakes in the text. Can you correct the mistakes?

Cenicienta es una chica alto, guapo y rubia. Tiene el pelo largo y ondulada y los ojos azul. No tiene madre. Tiene padre y madrastra. Su padre es alto y guapa y tiene el pelo blanco. También tiene barba y bigote y los ojo azules. Su madrastra es guapa, pero también es gordo. Tiene el pelo negra y rizada y los ojos gris. Sus dos hijas son las hermanastros de Cenicienta. Son muy, muy feo. La hermano mayor es gorda y tiene el pelo morena y rizados. La hermana menor es muy delgada, y tiene pelirroja y tiene pecas.

Una noche, en un baile, Cenicienta se enamora de un príncipe. El príncipe es muy guapo y es el pelo castaño, corta y lisa, y los ojos verde, pero a medianoche Cenicienta…

1 Complete the questions in Spanish using the correct form of ser or estar to match each English question.

1 Are her parents married? ¿________ casados sus padres?

2 How are you both today? ¿Cómo ________ vosotros hoy?

3 Where were you? ¿Dónde ________ tú?

4 What was she like? ¿Cómo ________ ella?

5 Where were his cousins from? ¿De dónde ________ sus primos?

2 Circle the correct form of ser or estar to complete each sentence. Then match each sentence to the correct question from exercise 1.

a *Eran/Son/Éramos/Están* de Estados Unidos. ☐

b ¡*Está/Somos/Soy/Estamos* contentos! ☐

c No, *estamos/son/somos/están* divorciados. ☐

d *Fue/Estaba/Estoy/Soy* en el desierto; el paisaje *están/éramos/estamos/era* muy seco. ☐

e *Estaba/Fueron/Estaba/Era* una persona seria y *está/son/era/estaba* muy ambiciosa. ☐

3 Read the interview with Alicia and Benedicto's mother and then answer the questions below in Spanish.

Entrevista con la madre de dos de las víctimas del accidente…

Dos de los supervivientes son hermanos y son peruanos. Sra. Manzanal, ¿quién es el mayor?

Alicia es menor que Benedicto, pero los dos se llevan muy bien.

¿Cómo son?

Benedicto es una persona graciosa y no es serio. Alicia es una persona muy alegre y ambiciosa. Vivimos todos en Lima y nos llevamos muy bien.

¿En qué trabajan?

Alicia es estudiante de bachillerato en Lima. Su ambición es ir a la universidad. Benedicto estudia medicina, y quiere terminar sus estudios pronto.

¿Están casados?

Benedicto no está casado, aunque tuvo una relación sentimental con una chica durante unos meses, pero decidieron dejarlo. Alicia no tenía novio antes del accidente porque es demasiado joven.

1 ¿Qué ambiciones tiene Alicia? ____________________

2 ¿Qué ambiciones tiene Benedicto? ____________________

3 ¿Qué tal es la relación con su madre? ____________________

4 ¿Benedicto tiene novia? ____________________

5 ¿Estaba casada Alicia? ____________________

1 ***Read the letter from Eugenio to his wife. Put the 12 sentences below in the order in which they are mentioned in the text and then translate them into Spanish.***

Mi amor:

Te echo mucho de menos porque estoy aquí en esta isla desde hace once meses. Los días son muy largos y me acuerdo de nuestra casa y de nuestra vida allí. Me imagino que estoy contigo en Los Ángeles y nos levantamos a las siete y nos acostamos a las once y media. Me ducho con agua caliente y me afeito, me peino y me visto…

Aquí en la isla no me peino y no me afeito nunca, pero me baño en el mar todos los días, ¡aun en invierno! Me despierto al amanecer y me levanto para preparar el desayuno. Ahora en verano como mucha fruta, huevos y pescado. Lo que más me gusta del verano es el calor y el sol. En primavera paso frío por la noche, y por eso me acuesto al anochecer. El invierno es lo peor de todo y es lo que menos me gusta porque llueve mucho y hace más frío.

Te escribo todos los días porque te quiero y te echo de menos…

¡Nos vemos pronto!

Besos

Eugenio

a He wakes up ☐ ______________________

b He shaves ☐ ______________________

c He doesn't do his hair ☐ ______________________

d He has a bath ☐ ______________________

e He goes to bed ☐ ______________________

f He has a shower ☐ ______________________

g He gets dressed ☐ ______________________

h He gets up ☐ ______________________

i He prepares his breakfast ☐ ______________________

j They go to bed ☐ ______________________

k He remembers his home [1] Se acuerda de su casa

l They get up ☐ ______________________

2 ***Now write about Eugenio's day in your exercise book/folder. Use the Spanish phrases from exercise 1 and add any other details you like.***

Todos los días Eugenio escribe a su esposa y le dice que la echa de menos…

3 Las tareas (pages 72–73)

1 Find 11 verbs in the wordsearch, in the present, preterite and imperfect, to complete the sentences below.

1 ____________ mis cosas
2 ____________ los platos
3 ____________ mi dormitorio
4 ____________ la mesa
5 ____________ en el mar
6 ____________ la cena
7 ____________ la aspiradora cada semana
8 Siempre ____________ mi ropa
9 ____________ la cama
10 Ayer no ____________ la mesa
11 Ayer ____________ en el jardín

m	p	a	s	o	ñ	t	e	h	g
a	r	r	e	g	l	a	b	a	m
t	e	s	i	p	i	s	o	g	o
r	p	d	p	e	m	o	u	o	s
a	a	f	q	r	p	e	s	c	o
b	r	p	q	u	i	t	é	l	p
a	a	l	a	v	é	f	a	b	u
j	b	v	r	e	n	l	d	u	s
é	a	p	l	a	n	c	h	o	e

G The present is used for something you do everyday. The preterite is used for a completed action in the past. The imperfect is used to say what you used to do.

2 Fill in the table for Inma with the verbs in the correct tenses. X = no

	Hoy en la isla	Ayer en la isla	Antes en casa
	✗ *no paso la aspiradora*	✗	
	✗	✗	

3 How much do you help around the house? Answer these questions in Spanish, using the negative phrases in the box to help you.

nada nadie tampoco nunca ni… ni…

1 ¿Qué haces normalmente para ayudar a la hora de comer?

____

2 ¿Qué es lo que no haces nunca?

____

3 Ayer, ¿qué hiciste para ayudar en casa?

____

4 Cuando tenías ocho años, ¿qué hacías para ayudar en casa?

____

1 ***Find out what the survivors used to be like, what they are like now and what they will be like after their experiences on the island.***

You can work out the logic puzzle by applying your logic and by a process of elimination. In the big grid, once you have put a tick you can put crosses on the vertical and horizontal lines for that particular group of details. Transfer what you know as you go along to the smaller grid. Using both grids you should be able to work out the answers. Good luck!

	Era una persona					Ahora es una persona					En el futuro va a ser una persona				
	callada	agresiva	egoísta	tímida	pesimista	tolerante	madura	amable	diferente	simpática	optimista	respetuosa	alegre	generosa	valiente
Eugenio															
Leonora															
Alicia															
Benedicto															
Inma															

Nombre	Era una persona	Ahora es una persona	En el futuro va a ser una persona
Eugenio			
Leonora			
Alicia			
Benedicto			
Inma			

1 Eugenio era una persona egoísta y va a ser una persona generosa.
2 Ni Benedicto, ni la persona que es madura van a ser alegres.
3 La persona pesimista (no era Alicia, ni Eugenio) va a ser una persona optimista.
4 Eugenio es diferente ahora.
5 Inma era callada y ahora es simpática.
6 Leonora era pesimista y ahora es madura.
7 Inma no va a ser una persona valiente, ni respetuosa.
8 Alicia ahora es amable y va a ser respetuosa en el futuro.
9 Benedicto no era una persona ni egoísta, ni tímida.
10 La persona agresiva va a ser valiente.

2 ***Read Inma's account of a memorable day on the island and then answer the questions below.***

La semana antes de ser rescatados, nos despertamos todos muy temprano y estábamos de buen humor porque hacía sol. Eugenio y Benedicto fueron a pescar. Leonora, Alicia y yo fuimos a buscar fruta para la comida, y después fuimos todas a la playa.

Normalmente Benedicto no suele nadar en el mar, pero esa mañana el agua estaba buenísima y como hacía calor, decidió bañarse. De repente Eugenio vio algo en el agua y gritó: "¡Medusas! ¡Hay medusas en el agua! ¡Sal enseguida, Benedicto!" Alicia se puso histérica, gritando: "¡Benedicto! ¡Cuidado!"

Benedicto no oyó al principio, pero de repente gritó: "¡Aaay!", y después salió del agua con una medusa en la pierna derecha. Yo tenía unos palos para hacer el fuego para la comida. Eugenio cogió uno y le quitó la medusa de la pierna a Benedicto. Por fin, cuando vio que Benedicto estaba bien, aunque le dolía la pierna, Alicia se calmó y se calló.

Leonora se armó de paciencia y tranquilidad y lavó la pierna de Benedicto con abundante agua salada del mar. Pronto se arregló y dejó de sentir dolor. Dijo que en el futuro ¡no iba a bañarse más en el mar!

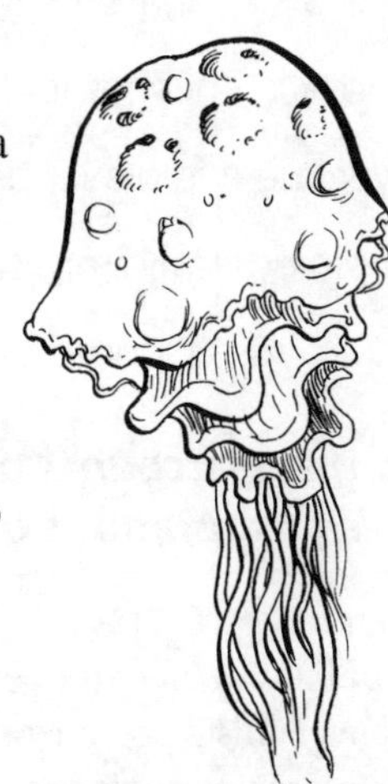

rescatar = *to rescue*
una medusa = *a jellyfish*
un palo = *a stick*
abundante = *lots*

Who...?

1 went fishing? ______

2 went to look for fruit? ______

3 did not usually swim in the sea? ______

4 shouted out a warning first? ______

5 was carrying firewood? ______

6 removed the jellyfish from Benedicto's leg? ______

7 finally calmed down and went quiet? ______

8 treated Benedicto's leg? ______

3 ***Imagine you are Benedicto or Eugenio and write in Spanish in your exercise book/ folder your version of what happened on the day described by Inma in exercise 2. ¡Ojo! Be aware of the tenses you use and try to extend your writing with expressions you have already come across.***

Era un día hermoso y me levanté pronto. Decidí...

1 ***Put the jumbled phrases in the correct order to complete sentences 1–7.***

a la quedarse cabaña va en	buen quería trabajo tener un	tolerante ser una más persona	salir no isla podía porque la en	y encanta ahora cocinar me

que playa nadar tuvo la hasta	dos callada hace era años muy tímida y

1. En el pasado estudiaba mucho porque ____________________
2. Cuando estaba en la isla aprendí a preparar varios platos ____________________
3. Ahora soy una persona muy abierta, pero ____________________
4. Ahora le encanta ir al cine con su familia ____________________
5. Ayer fue a la playa, pero como hoy hace mal tiempo, hoy ____________________
6. Antes era muy impaciente, pero voy a ____________________
7. Hubo un accidente y ____________________

2 ***Read these accounts by three of the survivors after they had been rescued. Find the Spanish translations of the phrases below in the text.***

Eugenio:
Soy práctico y creo que soy una persona muy honesta y tolerante. En la isla nunca fui una persona egoísta porque me gustaba ayudar a los demás. Aprendí a cocinar porque antes mi esposa siempre cocinaba, y ahora voy a ayudar más en casa.

Alicia:
En la isla aprendí que puedo ser más independiente y que voy a ser una persona más fuerte. En el futuro me gustaría terminar mis estudios y buscar un buen trabajo. No voy a malgastar el tiempo en tonterías porque necesito sacar buenas notas.

Inma:
Soy una persona muy optimista y antes sabía expresar mis sentimientos bastante bien. Sin embargo, cuando ocurrió el accidente, estaba muy nerviosa al principio porque no sabía si iba a ver a mi familia nunca más. Me enamoré de Benedicto porque era una persona valiente y fuerte y me ayudó a adaptarme a la vida en la isla. Quiero tener más seguridad en mi vida y además, es importante estar con la persona a la que quieres.

1. he helped me to adapt ____________________
2. to waste time ____________________
3. and besides it is important to be ____________________
4. if I was going to see my family ____________________
5. before I knew how to express ____________________
6. I learned that I can be ____________________
7. before, my wife would always cook ____________________
8. I was very nervous at first ____________________

3 Read the accounts by Benedicto and Leonora and answer the questions below.

Siempre me encantaba aprender y hacer muchas cosas diferentes. Soy una persona abierta y muy paciente. Antes del accidente quería ayudar a la gente y trabajar como médico, y ahora voy a terminar mis estudios de medicina. Voy a casarme con Inma y vamos a tener hijos porque nos gustaría tener una familia. Aprendí que puedo encontrar la felicidad en las situaciones más inesperadas y emocionantes.

Esta experiencia en la isla fue muy importante porque me di cuenta de que hay que vivir la vida al máximo. Hace dos años mi padre se murió y estaba muy triste. Todavía me siento así porque nos llevábamos muy bien y le echo de menos. Me casé demasiado joven y con los problemas que tenía con mi marido, decidí divorciarme después de tres meses. Creo que prefiero estar soltera porque puedo llevar una vida más independiente. Disfruté de una vida mucho más tranquila y relajada en la isla, y no quería salir de allí porque mis compañeros y yo éramos como una familia.

Benedicto

Leonora

Who...? Write "B" or "L".

1 is a patient person? ☐
2 wanted to help people? ☐
3 wants to stay single? ☐
4 found true love on the island? ☐
5 does not want to rely on anyone else? ☐
6 enjoyed the peace and quiet on the island? ☐

4 Answer the questions below in Spanish.

Use what is said in the text to develop your own answers.

1 ¿Qué le gustaba hacer a Benedicto antes del accidente? ____________________

2 ¿Qué ambiciones tiene Benedicto? ____________________

3 ¿Qué aprendió Benedicto de su experiencia en la isla? ____________________

____

4 ¿Por qué era importante la experiencia en la isla para Leonora? ____________________

____

5 ¿Por qué está triste cuando piensa en su padre? ____________________

6 ¿Leonora era feliz en su matrimonio? ¿Cómo lo sabes? ____________________

____

7 En tu opinión, ¿quién va a echar de menos más la vida en la isla, y por qué? ____________________

____

1 *Find the ten correct forms of ser and estar in the wordsearch.*

á	e	r	a	n	s	m	f
e	s	q	g	v	b	j	u
s	t	l	e	s	t	á	e
p	a	a	s	f	d	p	g
t	b	y	h	o	e	s	n
n	a	f	e	s	t	o	y
é	k	r	x	o	m	n	i
e	r	a	q	m	k	z	h
w	c	t	i	o	j	r	ú
ó	f	u	i	s	t	e	l

ser, ella, present
ser, nosotros, present
ser, ellas, present
ser, él, imperfect
ser, ellos, imperfect
ser, tú, preterite
ser, ella, preterite
estar, yo, present
estar, ella, present
estar, él, imperfect

2 *Translate the sentences below into Spanish, using the words from the box. ¡Ojo! You can only use each word or set of words once.*

era Sus del pueblo Nuestra en Sevilla no el centro pronto hermana
casa estudiante está en nunca fue interesante No Mi Me acosté
hermanos porque ni cansada se despiertan a las diez estaba ni fácil

1 My sister was a student in Seville.

____

2 Our house is not in the centre of the village.

____

3 Her brothers never wake up early.

____

4 I went to bed at 10 o'clock because I was tired.

____

5 It was neither interesting nor easy!

____

3 *Translate these sentences into Spanish.*

1 I would like to know where you are. ______________________________

2 You are never going to return to the island. ______________________________

3 They are not going to be good students! ______________________________

4 The children were in the sea and their mother was on the beach. ______________________________

____

5 Is he married or divorced? ______________________________

6 They are going to get married tomorrow. ______________________________

Vocabulario

Mi familia *My family*

el abuelo	*grandfather*
el bebé	*baby*
el hermanastro	*stepbrother*
el hermano mayor/menor	*older/younger brother*
el hijo	*son*
el marido	*husband*
el nieto	*grandson*
el padrastro	*stepfather*
el padre	*father*
el primo	*cousin*
el sobrino	*nephew*
el tío	*uncle*
la madrastra	*stepmother*
la madre	*mother*
la mujer	*wife*
Me llamo…	*My name is…*
nací el… de…	*I was born on the… of…*
Mi padre se llama…	*My father's name is…*
nació el… de…	*he was born on the… of…*
enero	*January*
febrero	*February*
marzo	*March*
abril	*April*
mayo	*May*
junio	*June*
julio	*July*
agosto	*August*
septiembre	*September*
octubre	*October*
noviembre	*November*
diciembre	*December*
¿Cuándo es su cumpleaños?	*When is his birthday?*
Su cumpleaños es el… de…	*His birthday is on the… of…*

¿Cómo es? *What is he/she like?*

¿De qué color son sus ojos?	*What colour are his/her eyes?*
Tiene los ojos…	*He/She has… eyes.*
¿Cómo es su pelo?	*What's his/her hair like?*
Tiene el pelo…	*He/She has… hair.*
blanco	*white*
castaño	*brown*
gris	*grey*
moreno	*dark*
negro	*black*
pelirrojo	*red*
rubio	*blonde*
corto	*short*
largo	*long*
liso	*straight*
ondulado	*wavy*
rizado	*curly*
Es calvo.	*He's/She's bald.*
Lleva gafas.	*He/She wears glasses.*
Tiene barba.	*He has a beard.*
Tiene bigote.	*He has a moustache.*
Tiene pecas.	*He/She has freckles.*
¿Es…?	*Is he/she…?*
alto/a	*tall*
bajo/a	*short*
delgado/a	*slim*
feo/a	*ugly*
gordo/a	*fat*
guapo/a	*attractive*
joven	*young*
viejo/a	*old*

Los supervivientes *The survivors*

Soy…	*I'm…*
alegre	*cheerful*
ambicioso/a	*ambitious*
creativo/a	*creative*
enérgico/a	*energetic*
feliz	*happy*
gracioso/a	*funny*
honesto/a	*honest*
optimista	*optimistic*
paciente	*patient*
perezoso	*lazy*
serio/a	*serious*
tolerante	*tolerant*
trabajador	*hard-working*
Tiene (buen/mal) sentido del humor.	*He/She has a (good/bad) sense of humour.*
Tiene mucho sentido del humor.	*He/She has a very good sense of humour.*
Me parezco a…	*I look like…*
Me llevo bien con…	*I get on well with…*
Me llevo mal con…	*I don't get on well with…*
Tenemos una relación problemática.	*We have a difficult relationship.*
Antes del accidente era…	*Before the accident I was…*
Me llevaba bien con…	*I used to get on well with…*
Me llevaba mal con…	*I used to get on badly with…*
Me casé…	*I got married…*
Me separé…	*I separated…*
Me divorcié…	*I got divorced…*
Teníamos una relacion de amor y odio…	*We had a love/hate relationship…*
estar…	*to be…*
casado/a	*married*
divorciado/a	*divorced*
soltero/a	*single*
separado/a	*separated*
…años después	*…years later*
Ahora…	*Now…*
Luego…	*Then…*

La vida cotidiana *Daily life*

ceno pescado	*I have fish for dinner*	no me peino	*I don't comb my hair*
desayuno fruta	*I have fruit for breakfast*	en invierno	*in winter*
me acuesto tarde	*I go to bed late*	en otoño	*in autumn*
me baño en el mar	*I bathe in the sea*	en primavera	*in spring*
me despierto temprano	*I wake up early*	en verano	*in summer*
me ducho	*I have a shower*	todos los días	*every day*
me lavo	*I have a wash*	desde hace un año	*for the past year*
me lavo los dientes	*I clean my teeth*	Lo que más me gusta es...	*What I like most is...*
me levanto	*I get up*	Me encanta(n)...	*I love...*
me visto	*I get dressed*	Lo que menos me gusta es...	*What I like least is...*
meriendo a las cuatro	*I have tea at four o'clock*	Odio...	*I hate...*
no me afeito nunca	*I never shave*		

Las tareas *Chores*

Arreglo mis cosas.	*I tidy up my things.*	nada	*nothing*
Cocino.	*I cook.*	nadie	*no one*
Hago la cama.	*I make the bed.*	ni... ni...	*neither... nor...*
Lavo los platos.	*I wash the dishes.*	ningún/ninguna	*no/none at all*
Limpio mi dormitorio.	*I clean my bedroom.*	nunca	*never*
Paso la aspiradora.	*I do the vacuuming.*	tampoco	*neither/nor*
Pesco.	*I fish.*	antes	*before*
Plancho la ropa.	*I iron the clothes.*	ayer	*yesterday*
Pongo la mesa	*I lay the table.*	normalmente	*usually*
Quito la mesa.	*I clear the table.*	todos los días	*every day*
Trabajo en el jardín.	*I work in the garden.*		

Otro accidente *Another accident*

(No) Me llevo bien con...	*I (don't) get on well with...*	X era muy/poco...	*X was very/not very...*
Me llevo mal con...	*I don't get on well with...*	No era muy...	*He/She wasn't very...*
agresivo/a	*aggressive*	Me vuelve loco/a.	*He/She drives me mad.*
alegre	*cheerful*	En mi opinión...	*In my opinion...*
amable	*kind*	Pienso que...	*I think that...*
callado/a	*quiet*	Estoy de acuerdo con...	*I agree that...*
egoísta	*selfish*	No estoy de acuerdo con...	*I don't agree that...*
introvertido/a	*introverted*	Va a ser una tragedia.	*It is going to be a tragedy.*
maduro/a	*mature*	Va a ser una historia alegre.	*It is going to be a happy story.*
maleducado/a	*impolite*	Alicia va a morir.	*Alicia is going to die.*
optimista	*optimistic*	Benedicto va a casarse con Inma.	*Benedicto is going to marry Inma.*
pesimista	*pessimistic*		
respetuoso/a	*respectful*	Alicia va a sobrevivir	*Alicia will survive.*
simpático/a	*friendly*	...va a enamorase de...	*... is going to fall in love with...*
sincero/a	*sincere*	Un equipo de rescate va a venir.	*A rescue team will come.*
tolerante	*tolerant*		
valiente	*brave*		

Un año después *One year later*

¿Qué tipo de persona eras antes?	*What kind of person were you before?*	Esta experiencia me enseñó...	*This experience taught me...*
Antes del accidente era...	*Before the accident I was...*	Me di cuenta de que...	*I realised that...*
¿Qué tipo de persona eres ahora?	*What kind of person are you now?*	Además soy...	*I'm also...*
Ahora soy mucho más.../ menos...	*Now I am much more.../less...*	Aprendí que...	*I learnt that...*
¿Qué aprendiste en la isla?	*What did you learn on the island?*	¿Qué quieres hacer en el futuro?	*What do you want to do in the future?*
		En el futuro voy a...	*In the future, I'm going to...*
		Me gustaría...	*I'd like to...*
		Por eso quiero...	*Therefore I want to...*

1 ***Put the correct endings on these professions and match them with their place of work in the table.***

cajer_	granjer_
~~camarer_~~	periodist_
secretari_	policí_
recepcionist_	enfermer_
dependient_	carpinter_

Masculine	Feminine	Place of work
camarero	*camarera*	restaurante
		oficina
		tienda
		comisaría
		supermercado
		granja
		hotel
		periódico
		carpintería
		hospital

2 ***Read Raúl's email and answer the questions below.***

Mi familia es muy trabajadora. Mi madre trabaja en una oficina; es abogada. Mi padre es el jefe del departamento de ciencias en un instituto bastante grande. En el futuro quiere ser director del instituto. Mi hermana mayor es modelo y trabaja para un diseñador de ropa en Barcelona. Quiere ser una modelo famosa de las pasarelas de París. Mi hermana menor estudia en la universidad para ser arquitecta y su novio es ingeniero. Trabaja en una fábrica de coches. Quiere ser gerente de la fábrica. Admiro a mi tío porque es muy valiente, es soldado y está en África con Naciones Unidas. ¿Y yo? Soy muy deportista y se me da bien el fútbol. Quiero ser futbolista profesional como Ronaldo. ¿Dónde trabajan tu familia y tus amigos? ¿Y tú? ¿Qué quieres ser en el futuro?

Who…?

1 is a lawyer? ____________

2 wants to be a headteacher? ____________

3 works for a fashion designer? ____________

4 wants to be an architect? ____________

5 works in a car factory? ____________

6 is working with the United Nations? ____________

7 wants to be a professional sportsperson? ____________

3 ***Translate these sentences into Spanish.***

1 My father is the boss of a clothes factory. ____________

2 His girlfriend wants to be a designer. ____________

3 My uncle works in an office. ____________

4 My older sister wants to be an engineer. ____________

5 I want to be… and work in… ____________

1 ¿Trabajas los sábados? (pages 88–89)

1 Unscramble the phrases in the boxes and use them to finish off the sentences below.

pasajeros los a destino su llevar a	flores y plantar árboles regar las
en a cuidar los hospital enfermos el	avión viajeros a atender los el en
los teléfono hablar por clientes con	

1 Soy enfermero y por la tarde tengo que ______________________

2 Soy recepcionista y normalmente tengo que ______________________

3 Soy azafata y tengo que ______________________

4 Soy jardinera por la tarde y tengo que ______________________

5 Soy taxista los fines de semana y tengo que ______________________

2 Read Pablo's interview and underline the Spanish translations of the phrases below.

Pablo, ¿en qué trabajas?

Soy socorrista municipal. En invierno, por la tarde, trabajo en la piscina del polideportivo y en verano trabajo en la playa los fines de semana. A veces tengo que saltar al agua para ayudar a los bañistas y otras veces solo tengo que vigilar a las personas que nadan en el agua.

¿Qué inconvenientes tiene tu trabajo?

Lo peor es cuando hay algún problema y ¡tampoco gano mucho! Lo mejor es trabajar al aire libre en verano. Prefiero estar en la playa al sol que estar en el polideportivo.

Aparte del tiempo en verano, ¿qué te gusta del trabajo?

El horario es bueno (claro que tengo que ser puntual) y también es un trabajo variado e interesante porque conozco a mucha gente nueva. Por eso, como no tengo que hacer un trabajo aburrido, ¡me encanta ser socorrista!

1 sometimes I have to
2 at other times I only have to
3 the best thing is working
4 than having to be
5 of course, I have to be
6 therefore, as I don't have to

3 Summarise in Spanish what Pablo says about his job, using each of the following expressions at least once.

tiene que · le gusta · no le gusta · lo mejor es · lo peor es · también · pero · por eso

Pablo es socorrista y… ______________________

____

____

____

2 Prácticas laborales (pages 90–91)

1 ***Read Paco's account of his work experience. Find the imperfect and preterite verbs and copy them into the table.***

Yo quería hacer mis prácticas en un taller porque me encantan los coches, pero no fue posible. Así que decidí ir a una agencia inmobiliaria, porque me pareció que podía ser interesante. La agencia estaba en mi pueblo, y no empezaba a trabajar hasta las nueve, así que me levantaba más tarde que cuando voy al colegio. Iba allí a pie. Tenía que trabajar hasta las cuatro.

En la agencia hice un poco de todo. Me aburrí bastante algunos días. Repartía el correo, hacía café para todo el mundo y archivaba papeles. No me gustó nada el trabajo. Lo mejor fue el día que fui con el jefe a una casa. Me dejó enseñar el piso de abajo a unos clientes. ¡Qué divertido!

Preterite	Imperfect
fue	quería

2 ***Fill in the gaps with a word from the box below. ¡Ojo! Not all the words are used.***

me levantaba terminaba estaba hicieron eran tenía que
volvía cogía trabajé ~~hice~~ ayudé estuve rellené fui

Hola, soy Marta. (1) ___Hice___ mis prácticas laborales en un supermercado. Todos los días (2) ____________ a las siete y (3) ____________ el autobús para ir al trabajo. (4) ____________ hacer muchas cosas diferentes. El primer día (5) ____________ a los clientes. Otro día (6) ____________ los estantes y también (7) ____________ en la caja. A veces los clientes (8) ____________ impacientes, pero en general (9)(yo) ____________ contenta. (10) ____________ a las cuatro y todos los días (11) ____________ a casa supercansada. ¡Qué rollo!

3 ***Answer the questions in Spanish about your own work experience in your exercise book/folder.***

1 ¿Dónde hiciste tus prácticas laborales?
2 ¿Cómo ibas al trabajo?
3 ¿Cuántos días trabajaste?
4 ¿A qué hora empezabas y terminabas?
5 ¿Qué hacías a la hora de comer?
6 ¿Cómo eran tus compañeros?
7 ¿Te gustó trabajar allí? ¿Por qué?/¿Por qué no?

★ Look at the verb in the question to help you decide which tense to use in your answer.

1 ***Read the text and answer the questions below. True (T), false (F) or not mentioned (NM)?***

Querida Ana María:

¡Qué guay! Como sabes, tengo la intención de ir a la universidad para estudiar optometría. Si apruebo los exámenes, empezaré el curso en octubre. Ayer tuve una entrevista para trabajar todo el verano en una óptica. Serán unas prácticas laborales muy útiles. Haré muchas cosas distintas: ayudaré a los clientes, observaré al óptico haciendo pruebas para graduar la vista y trabajaré en el laboratorio. Además, espero ganar el dinero suficiente para pagarme el primer curso de la carrera.

Creo que en el futuro, al acabar mis estudios, me tomaré un año sabático e iré a trabajar como voluntario en la fundación VisiónMundi a Paraguay o a Bolivia.

Soy muy ambicioso y espero tener una tienda donde venderé todo lo relacionado con la vista. Creo que todo es posible si aprovechas todas las oportunidades que tienes en la vida.

Un saludo, **Manuel**

1 Manuel has passed his exams. ☐
2 This is a temporary job. ☐
3 The optician is a family friend. ☐
4 He will be able to watch sight tests. ☐
5 He wants a job in the optician's. ☐
6 He doesn't want to take a gap year. ☐
7 He wants his own business. ☐

2 ***Match the two halves of each sentence to complete Manuel's plans, and then translate them into English.***

ayudar y observar — estudiar para ser óptico — adquirirá mucha experiencia — para ser voluntario — trabajar en Sudamérica

1 Tiene la intención de ______________________

____

2 Las prácticas laborales serán útiles porque ______________________

____

3 Hará cosas diferentes como ______________________

____

4 Se tomará un año sabático ______________________

____

5 Le gusta la idea de ______________________

____

3 ***Fill in the gaps in the interview below for a job in a hotel with a suitable reply from the boxes.***

Llegarás a las nueve en punto. Aquí la puntualidad es muy importante. Saldrás a las cinco si todo está bien hecho.

Es muy importante hablar inglés y un poco de francés.

Te veremos dentro de quince días.

Contestarás al teléfono y ayudarás a los clientes en la recepción.

Primero vas a observar durante dos días y luego ayudarás en la recepción.

Llevarás la chaqueta del hotel y una camisa blanca con pantalones azules.

Pagamos por horas. Recibirás nueve euros a la hora durante los primeros tres meses.

¿En qué departamento trabajaré? ____________________

¿Cómo será mi horario?

____

¿Habrá uniforme?

____

¿Qué tendré que hacer primero?

____

¿Qué sueldo tendré?

____

¿Necesito hablar idiomas? ____________________

¿Cuándo empezaré a trabajar? ____________________

4 ***Answer the questions about your future in Spanish. Your answers may be true or imaginary!***

1 ¿Piensas ir a la universidad o vas a trabajar después del colegio? ____________________

____

2 ¿Quieres ser voluntario/a? ____________________

____

3 ¿Crees que vas a vivir en el extranjero? ____________________

____

4 ¿Dónde estarás trabajando dentro de diez años? ____________________

____

4 Mi currículum vitae (pages 94–95)

1 ***Match these job advertisements to a suitable applicant from the list below.***

a Empresa de transportes regionales busca chóferes con experiencia. Llamar para concertar una entrevista al: 915 887 980

b Selecciono personal de hostelería en Gandía (camareros/as de barra y salón) para fines de semana. Enviar currículum vitae a: extrahotel@gmail.com

c Trabaja con tu ordenador. Somos una empresa legal y fiable. Nuevo, 100% basado en Internet: trabajoencasa@yahoo.es

d Busco recepcionista con experiencia. Imprescindible dominar alemán, inglés, español y francés. Hotel Campomar, Bilbao

e La compañía número uno en el mundo de productos de belleza y peluquería te ofrece atractivos beneficios en tus horas libres. ponteguapa@gmail.com

1 Tengo diez años de experiencia en clubs, bares, pubs y discotecas y busco trabajo los sábados y domingos. Llamar Verónica: 689 000 598 ☐

2 Chico alemán con idiomas y cuatro años de experiencia en hoteles, se ofrece para trabajar como recepcionista. Gracias por su atención. Móvil: 727 875 218, Martín ☐

3 Busco empleo estable por la mañana o a las horas de la comida. Experiencia en manicuras y pedicuras. Ana. Apartado de correos 39, Denia ☐

4 Tengo experiencia en páginas web y tengo conocimientos de informática. Necesito trabajar desde casa. mariluz32@yahoo.es ☐

5 Chico joven con experiencia se ofrece como conductor de camión para transporte nacional e internacional. Carnés de conducir C, BTP, C+E. Responsable. Móvil: 786 444 311 ☐

2 ***Translate the opinions below into Spanish using the phrases from the box. ¡Ojo! You may need to use some of them more than once.***

Sería ideal	tener responsabilidad	resolver problemas	~~adquirir confianza~~	
aprender cosas nuevas	tomar decisiones	trabajar en equipo	Podría	Me gustaría

1 I would like to gain confidence. *Me gustaría adquirir confianza.*

2 I could learn new things. ______________________

3 I would like to make decisions. ______________________

4 It would be ideal to have responsibility. ______________________

5 I could solve problems. ______________________

6 It would be ideal to work in a team. ______________________

3 ***Answer the questions in Spanish in your exercise book/folder.***

1 ¿Te gustaría ir a la universidad o trabajar después de los exámenes?

2 ¿Cómo sería tu trabajo ideal?

3 ¿Porqué podrías hacer este trabajo?

1 Complete the table with the correct form of haber to form the perfect tense, and translate the phrases into English.

yo	________	mirado	I ________
tú	has	________	________ have eaten
él/ella	________	vivido	he/she ________
usted	________	mandado	you ________
nosotros/as	hemos	________	________ have drunk
vosotros/as	habéis	trabajado	you have ________
ellos/ellas	________	viajado	they have ________
ustedes	han	________	________ learned

2 Fill in the gaps with the correct form of the perfect tense.

The verbs *archivar* (to file) and *rellenar* (to fill/stack) are regular verbs.

1 ¿Ellas (tener)____________ experiencia cara al público?
(hablar)____________ por teléfono y (trabajar)____________ en recepción.

2 ¿Qué (hacer, tú)____________ cuando trabajabas en el hotel?
(hacer)____________ camas y (limpiar)____________ habitaciones.

3 ¿Juan (tener)____________ experiencia como programador de ordenadores?
Sí. (desarrollar)____________ programas de ordenadores.

4 Y tú, ¿qué experiencia administrativa (tener)____________?
(achivar)____________ papeles y (trabajar)____________ con el ordenador.

5 ¿Vosotros (trabajar)____________ en una tienda?
(rellenar)____________ estantes y (trabajar)____________ en caja.

3 Answer these interview questions in Spanish as if you were Cesc Fàbregas. Make up one more question and answer it.

¿Por qué ha venido a Inglaterra?
(He has signed a contract with Arsenal.)

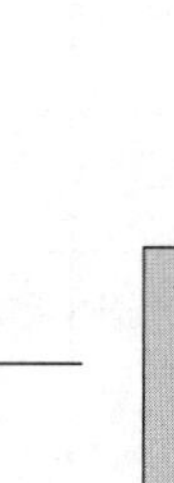

____

firmar = *to sign*
un contrato = *a contract*
alquilar = *to rent*

¿Siempre ha tenido usted la ambición de ser futbolista?
(He has played football since he was five.)

____

¿Ha vivido antes en el extranjero? (He has not lived abroad before.)

____

¿Dónde ha comprado su casa? (He has rented a flat near the stadium.)

____

1 ***Read the comments about work experience and answer the questions below.***

Por la mañana ayudaba en la clase con la lectura en pequeños grupos. Lo mejor era cuando hacían pintura, porque me gusta mucho el arte. Eso era siempre por la tarde. **Sara**

Por fin he hecho mis prácticas laborales. He trabajado en un supermercado y he tenido que hacer muchas cosas diferentes. Me ha gustado la experiencia. **Alejandro**

Hago mis prácticas laborales en una escuela para niños de educación especial. Me gusta trabajar con niños. Voy a preguntar si puedo volver a trabajar como voluntaria los viernes por la tarde. **Marta**

Mi mejor amigo hizo sus prácticas en un taller de carpintería, donde aprendió a construir ventanas y puertas. Trabajaba de ocho y media a cinco. ***Miguel***

En general, mis compañeros eran simpáticos, pero prefiero estar en el colegio porque encontré la experiencia un poco monótona. **Rosa**

Creo que en el futuro me gustaría trabajar con ordenadores en una empresa grande como Microsoft®. Para eso tendría que ir a la universidad y estudiaría informática. **Ana**

Who talks about...? (One of the questions will have two names next to it.)

1 the present and the future? ______________________

2 the past? ______________________

3 the future only? ______________________

4 the past using only one tense? ______________________

5 the past and the present? ______________________

2 ***Identify which tenses are used by each student in exercise 1, by writing each verb in the correct column in the table below.***

	Present	Near future	Conditional	Perfect	Preterite	Imperfect
Sara						
Alejandro						
Marta						
Miguel						
Rosa						
Ana						

3 ***Write a short statement in Spanish in your exercise book/folder about Ana's and Rosa's work experience, based on the information provided in exercise 1. You can use verbs and phrases from the other texts.***

You will have to change the verbs from the *yo* form to *ella*.

A trabajar *Off to work*

un estadio	*stadium*	dependiente/dependienta	*shop assistant*
un hotel	*hotel*	director(a)	*director*
un instituto	*school*	diseñador(a)	*designer*
un jardín	*garden*	enfermero/a	*nurse*
un restaurante	*restaurant*	futbolista	*footballer*
una clínica	*clinic*	ingeniero/a	*engineer*
una peluquería	*hairdresser's*	jardinero/a	*gardener*
Soy…	*I am a…*	mecánico/a	*mechanic*
Es…	*He/She is a…*	médico/a	*doctor*
abogado/a	*lawyer*	peluquero/a	*hairdresser*
actor/actriz	*actor/actress*	periodista	*journalist*
azafata	*air stewardess*	profesor(a)	*teacher*
camarero/a	*waiter*	recepcionista	*receptionist*
cantante	*singer*	soldado	*soldier*
carpintero/a	*carpenter*	Trabaja en…	*He/She works in…*
cocinero/a	*cook*	Le gusta…	*He/She likes…*
comerciante	*businessman/woman*	Me gusta…	*I like…*
conductor(a)	*driver*	…es importante	*…is important*
dentista	*dentist*		

¿Trabajas los sábados? *Do you work on Saturdays?*

¿Qué haces para ganar dinero?	*What do you do to earn money?*	por las mañanas	*in the mornings*
¿Cuándo trabajas?	*When do you work?*	por las tardes	*in the afternoons/evenings*
¿Qué tienes que hacer?	*What do you have to do?*	todos los días	*every day*
¿Qué opinas de tu trabajo?	*What do you think of your job?*	Tengo que…	*I have to…*
¿Cuánto ganas?	*How much do you earn?*	coger el autobús	*catch the bus*
Gano …€ a la hora.	*I earn …€ an hour.*	contar historias	*tell stories*
Gano mucho.	*I earn a lot.*	cuidar a niños	*look after children*
Gano poco.	*I don't earn much.*	ir bien vestido/a	*dress well*
Hago de canguro.	*I'm a babysitter.*	levantarme temprano	*get up early*
Lavo coches.	*I wash cars.*	ser amable	*be nice*
Reparto periódicos.	*I deliver newspapers.*	ser puntual	*be on time*
Trabajo como camarero/a.	*I work as a waiter/waitress.*	servir comida	*serve food*
Trabajo como dependiente/a.	*I work as a shop assistant.*	vender zapatos/ropa	*sell shoes/clothes*
Trabajo como jardinero/a.	*I work as a gardener.*	Es un trabajo…	*It's a… job.*
Trabajo como socorrista.	*I work as a lifeguard.*	difícil	*difficult*
los fines de semana	*at weekends*	duro	*hard*
los sábados	*on Saturdays*	interesante	*interesting*

Prácticas laborales *Work experience*

¿Dónde trabajaste?	*Where did you work?*	Hablaba con los clientes.	*I used to talk to clients.*
Trabajé en…	*I worked in…*	Leía correos electrónicos.	*I used to read emails.*
Hice mis prácticas laborales en…	*I did my work experience in…*	Practicaba varios deportes.	*I used to practise sports.*
Fui a trabajar a…	*I went to work at…*	Salía a comprar bocadillos y café.	*I used to go out to buy sandwiches and coffee.*
un polideportivo	*a sports centre*	Vigilaba a los alumnos/as.	*I used to supervise the students.*
una empresa inglesa	*an English company*	¿Qué hiciste el último día?	*What did you do on the last day?*
una escuela	*a school*	Ayudé a los niños.	*I helped the children.*
una oficina	*an office*	Contesté llamadas telefónicas.	*I answered the phone.*
una tienda de ropa	*a clothes shop*	Escribí cartas y mandé correos electrónicos.	*I wrote letters and sent emails.*
¿Cuándo hiciste tus prácticas laborales?	*When did you do your work experience?*	Hablé con los clientes.	*I talked to the customers.*
¿Con quién trabajaste?	*Who did you work with?*	Hablé varios idiomas extranjeros.	*I spoke several foreign languages.*
¿Cómo era tu jefe?	*What was your boss like?*	Leí correos electrónicos.	*I read emails.*
¿Qué hacías todos los días?	*What did you used to do every day?*	Practiqué varios deportes.	*I played various sports.*
¿Qué hacías por la mañana y por la tarde?	*What did you use to do in the morning and in the afternoon?*	Salí a comprar bocadillos y café.	*I went out to buy sandwiches and coffee.*
Ayudaba a los niños.	*I used to help the children.*	Vigilé a los alumnos.	*I supervised the pupils.*
Contestaba llamadas telefónicas.	*I used to answer the phone.*	Lo pasé bomba/mal.	*I had a great/bad time.*
Escribía cartas y mandaba correos electrónicos.	*I used to write letters and send emails.*		

El futuro *The future*

Quiero…	*I want to…*
Voy a…	*I'm going to…*
Pienso…	*I'm thinking of…*
Tengo la intención de…	*I plan to…*
Me gustaría…	*I'd like to…*
Espero…	*I hope to…*
encontrar trabajo	*get a job*
ir a la universidad	*go to university*
seguir estudiando	*continue studying*
tener una familia	*have a family*
tomarse un año sabático	*take a year off*
trabajar como voluntario/a en…	*work as a volunteer in…*
vivir en el extranjero	*live abroad*
Si apruebo mis exámenes…	*If I pass my exams…*
Si estudio…	*If I study…*
Si practico más deporte…	*If I play more sport…*
Si tengo éxito…	*If I'm successful…*
Si trabajo mucho…	*If I work hard…*
aprenderé un oficio	*I will do an apprenticeship*
escribiré una novela	*I will write a novel*
ganaré dinero	*I will earn money*
haré un curso de formación profesional	*I will do a professional training course*
iré a la universidad	*I will go to university*
jugaré al fútbol en…	*I'll play football in…*
seré famoso/a	*I will be famous*
seré…	*I will be a…*
tendré responsabilidades.	*I will have responsibilities.*
¿Qué vas a hacer dentro de cinco años?	*What are you going to do in five years?*
Dentro de cinco años voy a…	*In five years, I'm going to…*

Mi currículum vitae *My CV*

A los… años	*At the age of…*
Cuando tenía… años…	*When I was… years old…*
busqué/encontré…	*I looked for/I found…*
comencé/empecé a…	*I started…*
compuse…	*I composed…*
dejé de…	*I stopped…*
escribí…	*I wrote…*
estudié…	*I studied…*
gané/perdí…	*I won/I lost…*
(me) hice…	*I became…*
trabajé en/para/como…	*I worked in/for/as…*
viajé…	*I travelled…*
el anuncio	*(job) advert*
Se busca(n)…/Se necesita(n)…	*…required*
a tiempo parcial/completo	*part-/full-time*
buena presencia y referencias	*good appearance and references*
deben llamar a…	*please call…*
dominio del inglés	*fluent in English*
envíe una carta de presentación	*send a covering letter*
experiencia no necesaria	*experience not necessary*
horario flexible	*flexible hours*
incorporación inmediata	*starting immediately*
interesados…	*if you're interested…*
preferible con experiencia	*preferably with experience*
rellenar el siguiente formulario	*fill in the following form*
nombre	*first name*
apellidos	*surname*
dirección	*address*
teléfono	*telephone number*
móvil	*mobile number*
correo electrónico	*email address*
fecha de nacimiento	*date of birth*
lugar de nacimiento	*place of birth*
educación	*education*
experiencia laboral	*work experience*
idiomas	*languages*
otros datos	*other information*
pasatiempos	*pastimes*

La entrevista *The interview*

Muy señor mío	*Dear Sir*
Me dirijo a Ud. para…	*I am writing to you to…*
Le adjunto…	*I attach…*
quedo a su disposición	*I await your reply*
le saluda atentamente	*yours sincerely*
¿Qué ha estudiado usted en el instituto?	*What have you studied at school?*
¿Por qué quiere ser…?	*Why do you want to be a…?*
¿Qué experiencia laboral tiene usted?	*What work experience do you have?*
¿Le gusta trabajar con…?	*Do you like to work with…?*
¿Le interesa tener un puesto con responsabilidades?	*Are you interested in a job with responsibilities?*
¿Ha trabajado en equipo antes?	*Have you worked in a team before?*
¿Qué cualidades tiene usted?	*What qualities do you have?*
¿Cuál es su correo electrónico?	*What's your email address?*
quiero ser… porque es importante…	*I want to be… because it's important to…*
me encanta(n)	*I love…*
me interesa(n)	*I am interested in…*
me fascina(n)	*I am fascinated by…*
ganar un buen sueldo	*earn a good salary*
hablar idiomas	*speak languages*
hacer un trabajo creativo/responsable/útil	*do a creative/responsible/useful job*
tener un trabajo con mucha variedad	*have a job with a lot of variety*
trabajar en equipo	*work in a team*
trabajar solo/a	*work alone*
viajar	*travel*
He aprendido…	*I have learnt…*
He cantado…	*I have sung…*
He contestado al teléfono.	*I have answered the phone.*
He escrito cartas.	*I have written letters.*
He hablado idiomas extranjeros.	*I have spoken foreign languages.*
He jugado al fútbol.	*I have played football.*
He mandado correos.	*I have sent emails.*
He trabajado como…	*I have worked as*
He traducido…	*I have translated…*
He usado Internet/ Microsoft® Word/PowerPoint®/ Excel®.	*I have used the internet/ Microsoft® Word/ PowerPoint®/Excel®.*
Lo que más/menos me importa es…	*What matters most/least to me is…*
me interesa…	*I am interested in…*
el puesto	*the job*
el sueldo	*the salary*
tener responsabilidades	*having responsibilities*

1 Read the three messages and then answer the questions below.

a Hola Ana, soy Marta. Mañana ponen en el cine de verano *Hancock*, la película de Will Smith. Como te encantan las películas de acción y Will Smith es tu actor preferido, creo que será muy divertido. Empieza a las diez y termina a las doce. Nos vemos en la taquilla…

b Ramón, soy Marco. Hoy ponen *El caballero oscuro* en el cine. Es la última película en la serie de Batman y es muy emocionante. A ti te encantan las películas de fantasía, y los efectos especiales son geniales. Si quieres ir conmigo…

c Buenas tardes, Mari. Soy Pablo. Estoy en el pueblo y ponen *Crepúsculo*, una nueva película con todos los ingredientes de amor y terror. Como a mí me encantan las películas de terror, y a ti te gustan las películas de amor, podemos ir, ¿no? Mándame un mensaje.

Which message talks about…?

1 a favourite actor? ☐
2 a love story? ☐
3 special effects? ☐
4 an exciting film? ☐
5 a scary film? ☐
6 the latest film in a series? ☐
7 an action film? ☐

2 Put this conversation in the correct order.

Paloma: Empieza a las seis y diez. ☐
Lorena: De acuerdo. ¿Qué ponen? ☐
Paloma: Creo que termina a las ocho. ☐
Lorena: Claro que sí. Me gustan mucho estas películas porque son emocionantes. ☐
Paloma: Hola, Lorena. ¿Qué tal? [1]
Lorena: Vale. Te veo a las seis, en la entrada del cine. ☐
Paloma: Ponen *El orfanato*. ¿La conoces? Es una película de terror. ☐
Lorena: Vale. ¿A qué hora termina? ☐
Paloma: ¡Perfecto! ¡Hasta luego! ☐
Lorena: Pues…, muy bien, gracias. ☐
Paloma: ¿Vamos al cine esta tarde? ☐

3 Answer the questions in Spanish in your exercise book/folder. Make sure that you give reasons.

1 ¿Te gustan las películas del Oeste?

No me gustan nada las películas del Oeste porque no son entretenidas.

2 ¿Te gustan las películas de artes marciales?
3 Generalmente, ¿te interesan las noticias?
4 ¿Qué películas no te gustan?
5 ¿Prefieres ir al cine o ver DVD?
6 ¿Ponen buenas películas en el cine que está cerca de tu casa?

1 ***Fill in the missing letters in these sentences and then translate them into English in your exercise book/folder.***

> ★ Is the verb conjugated or is it an infinitive?

1 Me gusta jugar al baloncesto. I like to play basketball.

2 Me encant_____ los deportes acuáticos.

3 No me gust_____ mont_____ a caballo; pref_____ ha_____ ciclismo.

4 En verano suelo jug_____ al voleibol en la playa.

5 Después de ha_____ esquí, me gusta nad_____.

6 Odio el fútbol; quier_____ juga_____ al rugby.

7 Antes de ha_____ atletismo, me gust_____ i_____ al gimnasio.

2 ***Read what these young people say about their pocket money and earnings, and answer the questions below.***

> Recibo cuarenta euros al mes de mi madre y lo gasto en salir y en maquillaje. **Ana**

> Normalmente ahorro todo el dinero que me da mi padre porque quiero sacar el carné de conducir. **Juanita**

> Nunca recibo nada de mis padres porque trabajo los sábados. Gasto el dinero en música. **Paquita**

> Suelo ahorrar el dinero que gano para mis vacaciones porque me encanta esquiar. **Sara**

> Mis padres me dan cincuenta euros al mes y dicen que los malgasto. Me encanta comprar revistas. **Marisol**

> Siempre gasto en ropa todo el dinero que me da mi madre. Me gusta mucho ir a la moda. **Isabel**

Who…?

1 saves all the money from her father? _______________

2 spends all her money on make-up and going out? _______________

3 spends all the money she receives from her mother? _______________

4 works on Saturdays? _______________

5 saves all the money she earns for holidays? _______________

6 says her parents think she wastes her money? _______________

7 spends all her money on clothes? _______________

8 doesn't get any pocket money from her parents? _______________

3 ***Answer the questions in Spanish.***

1 ¿Qué deportes te gusta hacer en invierno? ______________________________

2 ¿Prefieres bañarte en el mar o nadar en la piscina? ______________________________

3 ¿Qué actividades te gusta hacer al aire libre? ______________________________

4 ¿Con qué frecuencia haces deporte? ______________________________

5 ¿Recibes dinero de tus padres? ______________________________

6 ¿Te gusta gastar el dinero o prefieres ahorrarlo? ______________________________

7 ¿Qué sueles comprar? ______________________________

8 ¿Es importante para ti ahorrar dinero? ______________________________

1 Read this article about Olympic medal winner Gemma Mengual. Find the verbs below in the present tense in the text.

Gemma Mengual nació en Barcelona el 12 de abril de 1977, y es una de las mejores nadadoras españolas. Reside en San Cugat del Vallés y todos los días entrena en el gimnasio y nada en la piscina. Gemma empezó a practicar la natación sincronizada a los ocho años. Iba a un club de natación en Barcelona, y su entrenadora, Anna Tarrés, la incorporó al equipo español en 1992. Dos años después, fue subcampeona junior de Europa. En los Juegos Olímpicos de Sydney de 2000 quedó octava en dúo. En los de Atenas de 2004 logró la cuarta plaza con el equipo español. En los de Beijing de 2008 ganó dos medallas de plata, en equipo y en dúo.

Gracias a sus resultados en el Campeonato Europeo de 2008, Gemma Mengual es la única nadadora del mundo que ha recibido cuatro medallas de oro en unos campeonatos en un mismo año.

Aparte del deporte, también ha ido a la universidad, aparece en revistas deportivas y diseña los trajes de baño del equipo de natación sincronizada. También tuvo una relación sentimental con un actor español desde 2005 hasta 2008.

1 She is ____________ **4** She swims ____________
2 She lives in ____________ **5** She appears in ____________
3 She trains ____________ **6** She designs ____________

2 Underline all eleven verbs in past tenses in the text in exercise 1.

3 Explain the significance of these dates and figures from exercise 1, in English.

1977 *Gemma was born* 4th place ____________
At 8 ____________ 2008 ____________
1992 ____________ 4 ____________
1994 ____________ 2005–2008 ____________

4 Complete these sentences with the correct form of the verb.

1 Severiano Ballesteros (used to play) *jugaba* muchos campeonatos de golf.
2 Gemma Mengual y Andrea Fuentes (won)____________ la medalla de plata.
3 Fernando Alonso (is)____________ miembro del equipo de Fórmula 1.
4 Fernando Torres (scored)____________ el gol decisivo en la Eurocopa 2008.
5 Rafa Nadal (plays)____________ al tenis en todos los campeonatos.

2 Los deportes de riesgo (pages 110–111)

1 ***Put these eight extreme sports under the appropriate headings in the table below.***

Bungee y puenting: ¿Te atreves a saltar con una cuerda elástica desde una altura de cien metros o más?

Caída libre: Saltarás desde un avión a una altura de miles de metros. Se grabará en vídeo para enseñarles a todos que te atreves...

Fuera de pista: ¿Te gustaría esquiar a toda velocidad en condiciones perfectas de nieve, con nuestros profesores a tu lado?

Freeride (si ya sabes esquiar): Vas a descender por la pista de nieve rápidamente en una tabla de snowboard.

Hidrospeed: Estarás flotando y navegando sobre la superficie del agua en todo momento, descendiendo entre turbulentas aguas y rápidos de espuma blanca.

Motos acuáticas: Es una actividad de lo más divertido que puedes hacer en el agua y no hay ningún riesgo.

Quads: Puedes divertirte con estas motos haciendo carreras o disfrutando de un día de campo.

Rafting: Tendrás una experiencia inolvidable a toda velocidad, con diez personas en una lancha, luchando contra los rápidos de un río.

Water sport	Winter sport	Jumping	Wheels
		Bungee y puenting	

2 ***Match up the underlined phrases in the text in exercise 1 with the English translations.***

1 an unforgettable experience una experiencia inolvidable

2 on the water's surface ____________________

3 do you dare to jump...? ____________________

4 at top speed ____________________

5 you will jump from an aeroplane ____________________

6 the most fun thing you can do ____________________

7 racing or enjoying ____________________

8 you will go down the slope ____________________

3 ***Answer the questions in Spanish in your exercise book/folder. Try to include some of the phrases in the box in your answers.***

1 ¿Prefieres hacer deporte en verano o en invierno?

2 ¿Te interesan los deportes de riesgo?

3 ¿Haces algún deporte de riesgo a menudo?

4 En tu opinión, ¿es peligroso hacer hidrospeed?

5 ¿Te daría miedo hacer caída libre?

no soporto
me fascina(n)
peligroso/a
arriesgado/a
emocionante
impresionante

1 ***Add the correct endings to the Spanish verbs on the right so that they match the English translations.***

1	I am drinking tea.	Est_______ beb_______ té.
2	He is reading a magazine.	Est_______ ley_______ una revista.
3	We are watching TV.	Est_______ v_______ la tele.
4	They are not doing anything.	No est_______ hac_______ nada.
5	Ana, are you eating the rice?	Ana, ¿est_______ com_______ el arroz?
6	She is sleeping now.	Ahora est_______ durm_______.
7	We are studying for the exams.	Est_______ estudi_______ para los exámenes.
8	Boys, are you listening to the music?	Chicos, ¿est_______ escuch_______ la música?

2 ***Find the eight verbs in the wordsearch to complete the sentences. Translate the sentences into English in your exercise book/folder.***

v	u	e	l	v	e	p
e	s	d	p	e	r	r
m	q	u	i	e	r	e
p	u	e	d	e	s	f
i	i	r	e	a	j	i
e	o	m	i	o	u	e
z	u	e	u	v	e	r
a	m	n	b	t	g	o
n	p	i	e	z	a	s

1 ¿A qué hora _______________ las clases?

2 Juan _______________ al fútbol todos los días.

3 ¿_______________ salir esta noche?

4 Los niños _______________ en su dormitorio.

5 Paco _______________ tarde del trabajo.

6 Mi madre _______________ la cuenta.

7 _______________ el rojo; no me gusta el azul.

8 Mi padre _______________ un coche nuevo.

3 ***Complete this conversation by translating the English phrases into Spanish, using the verbs in the box. ¡Ojo! You will have to use some verbs more than once.***

querer
poder
volver
preferir
tener que

Juan: Hola Marta, ¿(do you want to) quieres ir al cine hoy conmigo?

Marta: Lo siento Juan, no (I can't)___________ porque (I have to) ___________ ir de compras.

Juan: ¿A qué hora (are you returning)___________?

Marta: Muy tarde, porque después (I have to)___________ cenar en casa de mis abuelos.

Juan: Bueno, a ver, ¿(can you)___________ salir mañana por la mañana?

Marta: Pues, sí (I can)___________. ¿Qué (do you want to)___________ hacer?

Juan: (We can)___________ jugar al tenis. Y después, ¿qué (do you prefer) ___________: ir al pueblo o tomar algo en la cafetería del parque?

Marta: A ver… (I prefer)___________ ir a la cafetería porque está más cerca.

Juan: De acuerdo. ¡Hasta mañana!

4 Una crítica (pages 114–115)

***1* Read this email from one of your Spanish friends. Put the sentences below in the order which matches the email.**

¡Hola!

Te mando un regalo interesantísimo. Es el DVD de *El orfanato*. Acabo de ver esta película y me ha encantado. La dirige Guillermo del Toro y me fascinan sus películas, especialmente *El laberinto del fauno*. *El orfanato* es una película de terror con toques de melodrama y un argumento con mucha intriga.

Cuenta la historia de Laura, que regresa con su familia al orfanato donde creció, con la intención de abrir una residencia para niños discapacitados. Desde ese momento, su hijo Simón comienza unos juegos muy raros, que preocupan a su madre porque se convierten en juegos terroríficos. Una serie de acontecimientos inesperados obliga a Laura a recordar el dramático pasado de la casa y a tomar una difícil decisión.

Admiro mucho a Belén Rueda, la protagonista; es una actriz buenísima. Además, *El orfanato* fue seleccionada por la Academia del Cine española para representar a España en los Oscar.

¡Creo que te gustará!

Besos, **Sara**

a The plot is very mysterious. ☐

b Simon's games become terrifying. ☐

c Sara is sending a really interesting present. 1

d Laura has to look back into the past. ☐

e Sara finds a famous director's films fascinating. ☐

f Laura makes a difficult decision. ☐

g Sara has just watched *El orfanato*. ☐

h Laura wants to set up a school for handicapped children. ☐

***2* Find these phrases in Spanish in the text in exercise 1.**

1 I am fascinated by his films ____________________

2 to the orphanage where she grew up ____________________

3 with the intention of opening ____________________

4 he starts some very strange games which worry his mother ____________________

5 a series of unexpected events ____________________

6 she is an excellent actress ____________________

7 was selected by ____________________

3 Read the two reviews about Spanish animated films. Mark the statements below as true (T) or false (F) and correct the false statements.

La Banda en la Isla de la Magia, España, diciembre 2008

Los protagonistas son Tutti y Felipe, los presentadores de la emisión infantil *La Banda* en Canal Sur Televisión. La aventura empieza al final de un concierto. Una persona desconocida manda a Felipe un correo electrónico con un dibujo muy raro, "La Rosa de los Vientos", y un mensaje que Tutti lee: *La alegría de todos los niños va a desaparecer con el próximo eclipse*. Desde ese momento, los presentadores intentan salvar la risa y la alegría de los niños con fantásticas aventuras: van a la selva amazónica, visitan Perú, y luchan contra unos piratas malísimos.

El lince perdido, España, diciembre 2008

Es una aventura basada en la vida de Félix, un lince ibérico (animal que solo vive en España) que nunca tiene buena suerte, y sus tres amigos: Gus, un camaleón muy nervioso; Beea, una cabra muy atrevida, y Astarté, un halcón que se escapó de Newmann, su cazador. El jefe de Newmann es un millonario que tiene un plan secreto para salvar a los animales en peligro de extinción, pero los animales no quieren su ayuda. Es una agradable película para toda la familia.

La Banda en la Isla de la Magia

1 Es una historia de animales. [F] Es una historia de niños.
2 Felipe manda un correo electrónico. [ ] ____________
3 "La Rosa de los Vientos" es una imagen. [ ] ____________
4 Los aventureros viajan a Sudamérica. [ ] ____________
5 Hay una batalla contra unos piratas. [ ] ____________

El lince perdido

6 La película tiene lugar en Francia. [ ] ____________
7 Los protagonistas son animales. [ ] ____________
8 Astarté escapó de un cazador. [ ] ____________
9 El millonario quiere matar a todos los animales. [ ] ____________
10 Es una película para adultos. [ ] ____________

4 Write a review in Spanish of a film you have seen. Try to mention the points below.

- Type of film
- Actor(s)
- What you really liked/disliked and why
- Where the film took place
- How it ended
- Who it is suitable for

____
____
____
____
____
____

1a Read each person's account of how they use the Internet and then find the phrases below in Spanish in the texts.

Trabajo desde casa y siempre utilizo Internet, aunque prefiero trabajar en la oficina porque en casa echo de menos a mis compañeros. Lo bueno de trabajar en casa es que puedo salir a recoger a mis hijos del colegio sin pedir permiso. Nunca hago la compra por Internet porque prefiero ver lo que hay en las tiendas. **Cristina**

Mis padres me dicen que paso demasiado tiempo en el ordenador y que es peligroso. Hago los deberes y uso Facebook para saber lo que hacen mis amigos. Para mí es la mejor manera de mandar mensajes. Siempre paso mucho tiempo descargando música en mi iPod. También puedo ver los programas de la tele. **Sebastián**

Soy una abuela muy moderna y ¡tengo una habilidad tecnológica superior a la de mi hija! Hago toda la compra por Internet y me encanta buscar rebajas online. Me divierte mucho. He comprado dos sofás de cuero en eBay mucho más baratos que en las tiendas y he vendido cosas que ya no necesito. ¡Qué guay! **Lucía**

Me encanta buscar productos a buen precio y comparar los precios y la calidad. Utilizo Internet todas las tardes. Lo bueno es poder chatear con amigos de todo el mundo, pero lo malo y peligroso es dar información privada cuando hago la compra o pido información. Necesitamos usar Internet con cuidado. **Vicente**

1. I miss my colleagues ______________________
2. without asking for permission ______________________
3. it is the best way to send messages ______________________
4. I've sold things I don't need anymore ______________________
5. we need to use the Internet carefully ______________________

1b ¿Quién...?

1. piensa que es peligroso dar datos personales? ____________
2. usa Internet para comprar y vender? ____________
3. chatea con amigos por Internet? ____________
4. prefiere trabajar en una oficina? ____________
5. maneja mejor la tecnología que su hija? ____________
6. pasa demasiadas horas en Internet? ____________
7. no hace la compra por Internet? ____________
8. ve programas de la tele en Internet? ____________

La tecnología

2 ***Put these phrases in the correct order.***

es que siempre estoy	☐	estaba en la oficina.	☐
oficina virtual. Es mejor que	☐	Uso Internet todos los días y paso	1
muchas horas en el ordenador. Trabajo	☐	viajar todos los	☐
días a la oficina, pero la desventaja	☐	desde casa y mando el trabajo a la	☐
trabajando y trabajo más	☐	horas que cuando	☐

3 ***Choose the correct phrase from the box to complete each of the sentences below.***

tengo que salir de casa para hacer la compra.	calidad o de segunda mano.
mensajes a sus amigos de todo el mundo.	de personas que quieren venderme tonterías.
prefiero trabajar cuando viajo en tren.	personales en un sitio no seguro.
en Internet y ver películas.	seguro que ir de tiendas.

1 Me gusta ver programas repetidos ______________________
2 Siempre es peligroso dar datos ______________________
3 Hacer compras en eBay es menos ______________________
4 Prefiero el portátil porque ______________________
5 A veces lo que compras es de mala ______________________
6 Mis padres mandan muchos ______________________
7 La ventaja es que no ______________________
8 Recibo demasiado correo basura ______________________

4 ***Answer the following questions about technology, in Spanish, in your exercise book/folder.***

1 ¿Usas Internet para buscar información? ______________________
2 En tu opinión, ¿es seguro o peligroso comprar por Internet? ______________________
3 ¿Sueles usar Internet en casa? ______________________
4 ¿Qué ventajas tiene utilizar Internet? ______________________
5 ¿Qué es lo peor de usar Internet? ______________________
6 ¿Qué ventajas o desventajas tiene Facebook? ______________________

Gramática

1 Underline the correct verbs in each sentence.

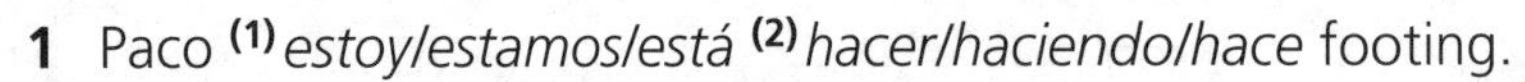

1 Paco ⁽¹⁾ *estoy/estamos/está* ⁽²⁾ *hacer/haciendo/hace* footing.

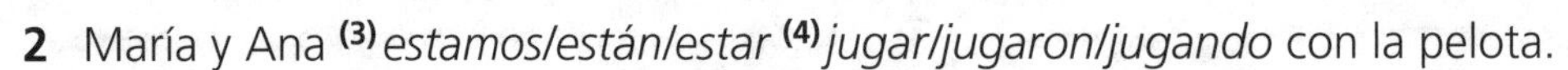

2 María y Ana ⁽³⁾ *estamos/están/estar* ⁽⁴⁾ *jugar/jugaron/jugando* con la pelota.

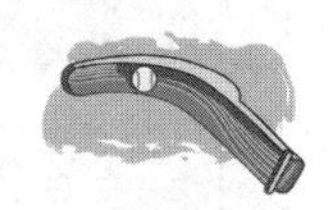

3 Nosotros ⁽⁵⁾ *están/estar/estamos* ⁽⁶⁾ *hacemos/hacéis/haciendo* patinaje.

4 Miguel, ¿por qué ⁽⁷⁾ *estás/estar/estoy* ⁽⁸⁾ *descargando/descargas/descargar* música?

5 Yo no ⁽⁹⁾ *están/estoy/estar* ⁽¹⁰⁾ *mando/mandar/mandando* mensajes.

2 Make up comparisons in Spanish using the prompts below.

> Look at the whole sentence to work out which person and tense to use.

> \+ más… que
> – menos… que
> = tan… como

1 Juan/preferir/nadar en el mar + barato/ir a la piscina

Juan prefiere nadar en el mar porque es más barato que ir a la piscina.

2 Antes Sara/ir/al gimnasio/los sábados – cansada/los viernes

____

3 Nos/gustar/la comida india + rica/la comida rápida

____

4 Ahora/no me/gustar/comprar/Internet – seguro/ir al supermercado

____

5 El béisbol = divertido/el baloncesto

____

6 Tú/preferir/el avión + cómodo/el autobús

____

3 Answer in Spanish, following the English prompts.

> malgastar = *to waste*
> el maquillaje = *make-up*
> odiar = *to hate*

1 ¿Estudiaste geografía? (Yes, I studied it.) Sí, la estudié.

2 ¿Viste anoche las noticias? (Yes, I saw them.) ______________

3 ¿Te gustaban las películas de ciencia ficción cuando eras joven? (No, I didn't use to like them at all.) ______________

4 ¿Te gustan los concursos? (No, I hate them.) ______________

5 ¿Tenía algún DVD de Tarantino? (Yes, he used to have it.) ______________

6 ¿Ayer compraron revistas? (No, they didn't buy them.) ______________

7 ¿Para qué ahorras tu dinero? (I'm saving it to buy an iPod.) ______________

8 ¿Siempre gastas tu dinero en ropa? (No, sometimes I don't spend it on clothes because I buy make-up.) ______________

9 ¿Tu hermano ahorra dinero? (No, he wastes it.) ______________

La tele y el cine *Television and cinema*

el telediario/las noticias	*news*
las películas de amor/las películas románticas	*romantic films*
las películas de artes marciales	*martial arts films*
las películas de ciencia-ficción	*sci-fi films*
las películas de terror	*horror films*
las películas del Oeste	*Westerns*
las series de policías	*detective series*
las telenovelas	*soap operas*
los concursos	*game shows*
los dibujos animados	*cartoons*
los documentales	*documentaries*
los programas de deportes	*sports programmes*
¿Qué ponen en la tele hoy/esta tarde/mañana?	*What's on TV today/this afternoon/this morning?*
¿Quieres venir a mi casa a ver…?	*Do you want to come to my house to watch…?*
¿Quieres ir al cine a ver…?	*Do you want to go to the cinema to see…?*
¿Quieres ver… en el cine?	*Do you want to see… at the cinema?*
¿Te apetece ir al cine?	*Do you fancy going to the cinema?*
(No) me apetece ir al cine.	*I (don't) fancy going to the cinema.*
¿Para qué sesión?	*For which showing?*
¿A qué hora empieza la película?	*What time does the film start?*
Dos entradas para…, por favor.	*Two tickets for…, please.*
curioso/a	*curious*
educativo/a	*educational*
emocionante	*moving*
entretenido/a	*entertaining*
inolvidable	*unforgettable*
largo/a	*long*
lento/a	*slow*
malo/a	*bad*
tonto/a	*stupid*
Quiero… entradas para… de las tres y cuarto, por favor.	*I'd like… tickets for… at 3.15, please.*
Pues, ¿me da… entradas para…?, por favor.	*Well, could you give me… tickets for…, please?*
¿Para qué sesión?	*For which showing?*
Para la sesión de…	*For the… showing.*
¿Cuánto cuesta una entrada?	*How much is a ticket?*
¿Quiere palomitas de maíz, caramelos o refrescos?	*Do you want popcorn, sweets or drinks?*
Sí, quiero… por favor.	*Yes, I would like… please.*
¿Cuánto es?	*How much is it?*
Son… con…	*They are… with…*

La paga *Pocket money*

los lunes/martes	*on Mondays/Tuesdays*
nunca	*never*
siempre	*always*
todos los días	*every day*
una vez a la semana/una vez al mes	*once a week/month*
Después de…	*After…*
Antes de…	*Before…*
patinar/hacer patinaje	*skate*
nadar/hacer natación	*swim*
hacer atletismo	*do athletics*
jugar al fútbol	*play football*
hacer equitación/montar a caballo	*go horse-riding*
jugar al tenis de mesa/ping-pong	*play table tennis*
jugar al voleibol	*play volleyball*
jugar al golf	*play golf*
jugar al baloncesto	*play basketball*
esquiar/hacer esquí	*ski*
mis padres me dan…	*my parents give me…*
mi padre/mi madre me da…	*my dad/my mum gives me…*
recibo…	*I get…*
a la semana	*per week*
al día	*per day*
al mes	*per month*
cada quince días	*every fortnight*
compro…	*I buy…*
caramelos	*sweets*
libros	*books*
maquillaje	*make-up*
revistas	*magazines*
ropa	*clothes*
saldo para el móvil	*top-ups for my mobile*
Lo gasto en…	*I spend it on…*
Lo/La/Los/Las compro todas las semanas.	*I buy it/them every week.*
Ahorro dinero para comprar algo más caro.	*I save money to buy something more expensive.*
Sé que malgasto el dinero, pero no me importa.	*I know that I waste my money, but I don't mind.*
No malgasto el dinero.	*I don't waste my money.*
Antes tenía menos dinero, pero ahora…	*Before I used to get less money, but now…*
Es muy importante ahorrar para el futuro.	*It's very important to save for the future.*
Es importante divertirse.	*It's important to have fun.*

El campeonato *The championship*

hacer alpinismo	*go climbing*
hacer footing	*go jogging*
hacer gimnasia	*do gymnastics*
hacer patinaje	*skate*
hacer vela	*sail*
ir de pesca	*go fishing*
jugar a la pelota vasca	*play Basque pelota*
jugar al billar	*play snooker*
practicar béisbol	*play baseball*
En el cole suelo…	*At school I usually…*
Juego en un equipo de…	*I play for a… team.*
Entrenamos en el polideportivo/la piscina… una vez a la semana	*We train at the sports centre/pool… once a week.*
En mi tiempo libre hago/juego al…	*In my free time, I do/play…*
Soy hincha de…	*I'm a fan of…*
anteayer	*the day before yesterday*
ayer	*yesterday*

Los deportes de riesgo *Extreme sports*

el parkour	*parkour (free running)*
el snowboard	*snowboarding*
el submarinismo	*scuba-diving*
el wakeboard	*wakeboarding*
la corrida	*bullfighting*
Me encanta(n)...	*I love...*
Me gusta(n)...	*I like...*
Me fascina(n)...	*I'm fascinated by...*
Me interesa(n)...	*I'm interested in...*
Me interesa(n) más...	*I'm more interested in...*
Me da(n) miedo...	*I'm scared of...*
Odio...	*I hate...*
Prefiero...	*I prefer...*
No soporto...	*I can't stand...*
porque es/son...	*because it's/they are...*
arriesgado/a	*risky*
barato/a	*cheap*
caro/a	*expensive*
difícil	*difficult*
emocionante	*exciting*
fácil	*easy*
impresionante	*impressive*
peligroso/a	*dangerous*
seguro/a	*safe*
sorprendente	*surprising*
En mi opinión/A mi modo de ver...	*In my opinion/The way I see it...*
este tipo de deporte es demasiado...	*this type of sport is too...*
Lo(s) veo en la tele/en Internet.	*I watch it/them on the TV/Internet.*
Lo(s) hago... veces al año.	*I do it/them... times a year.*
Hice... durante mis vacaciones el verano pasado.	*I did... during my holidays last summer.*
Me gustaría hacer...	*I'd like to do...*
Si tengo dinero en el futuro, haré...	*If I have money in the future, I will...*
Te puedes divertir de otra manera.	*You can enjoy yourself in other ways.*

¿Quedamos? *Shall we meet?*

Estoy...	*I am...*
viendo la televisión	*watching TV*
leyendo un libro	*reading a book*
comiendo...	*eating...*
no estoy haciendo nada	*I'm not doing anything*
¿A qué hora quedamos?	*What time shall we meet?*
¿Dónde quedamos?	*Where shall we meet?*
¡Claro que sí!	*Of course!*
¡Qué bien!	*Great!*
¡Qué guay!	*How cool!*
¡Qué lástima!	*What a pity!*
¡Qué pena!	*What a shame!*
Lo siento. No puedo ir porque...	*I'm sorry. I can't come because...*
Estoy ocupado/a.	*I am busy.*
No me apetece.	*I don't feel like it.*
No tengo dinero.	*I don't have any money.*
Voy a salir con...	*I am going to go out with...*
Ya he quedado con...	*I have already agreed to meet...*
Tengo que...	*I have to...*
hacer de canguro	*babysit*
hacer los deberes	*do my homework*
limpiar	*clean*
quedarme en casa	*stay at home*
salir con mis padres	*go out with my parents*
trabajar	*work*
visitar a...	*visit...*

Una crítica *A review*

Me parece...	*It seems... to me.*
Admiro a...	*I admire...*
Adoro a...	*I adore...*
Odio a...	*I hate...*
porque sus películas son...	*because his/her films are...*
porque su música es...	*because his/her music is...*
las pinturas de... porque son...	*...'s paintings because they are...*
las películas de... porque son...	*...'s films because they are...*
los libros de... porque son...	*...'s books because they are...*
la música de... porque es...	*...'s music because it is...*
aburridísimo/a(s)	*really boring*
anticuadísimo/a(s)	*really old-fashioned*
bellísimo/a(s)	*really beautiful*
buenísimo/a(s)	*really good*
divertidísimo/a(s)	*really fun*
feísimo/a(s)	*really ugly*
interesantísimo/a(s)	*really interesting*
rarísimo/a(s)	*really strange*
el artista	*artist*
el autor	*author*
el músico	*musician*
el actor/la actriz	*actor/actress*
la banda sonora	*soundtrack*
la fotografía	*photography*
los efectos especiales	*special effects*
los personajes	*characters*
Cuenta la historia de...	*It tells the story of...*
Trata de...	*It's about...*

La tecnología *Technology*

las cartas tradicionales	*traditional letters*
comprar por Internet	*Internet shopping*
las fotografías tradicionales	*traditional photographs*
los CD	*CDs*
los chats	*chatrooms*
los correos electrónicos	*e-mail*
más/menos... que	*more/less... than*
barato/a	*cheap*
peligroso/a	*dangerous*
rápido/a	*fast*
divertido/a	*funny, amusing*
necesario/a	*necessary*
seguro/a	*safe*
lento/a	*slow*
cómodo/a	*comfortable*
Me parece que...	*It seems to me that...*
Para mí...	*For me...*
Pienso que/Creo que...	*I think that...*
Por un lado... por otro lado...	*On one hand... on the other hand...*
Hoy en día	*Nowadays*
el correo basura	*spam*
el móvil	*mobile*
el ordenador de sobremesa	*desktop computer*
el ordenador portátil	*laptop*
la página web	*web page*

1 Read the descriptions of three houses and answer the questions below.

La casa de **Luisa** es un chalé. Arriba tiene dos dormitorios y un cuarto de baño. En el pasillo hay un sofá-cama y un armario. Abajo están el salón, el comedor, la cocina y un cuarto de baño. A la izquierda del cuarto de baño hay otro dormitorio. Fuera de la casa hay una piscina con ducha y una terraza. Tiene jardín, pero no tiene garaje.

Pepe tiene un piso en la tercera planta con tres dormitorios, un cuarto de baño y un aseo. El salón está a la derecha de la cocina. Delante hay una terraza enorme. Abajo hay un garaje, una piscina comunitaria y muchos jardines.

Beatriz tiene una casa nueva en el centro del pueblo. Es de tres plantas y tiene muchas habitaciones. Arriba están la terraza y el estudio. En la primera planta hay dos dormitorios y dos cuartos de baño. En la planta baja tiene una cocina muy moderna, un comedor, otro cuarto de baño y un salón. Hay garaje, pero no hay jardín. Tiene piscina comunitaria y dos terrazas, una delante de la casa y otra detrás.

Whose house…?

1 tiene una cama en el pasillo? Luisa
2 tiene una cocina a la izquierda del salón? ______
3 tiene un cuarto de baño a la derecha del dormitorio? ______
4 tiene garaje, pero no hay jardín? ______
5 tiene piscina, jardines y garaje? ______
6 tiene dos terrazas en la planta baja? ______
7 tiene solamente una planta? ______
8 tiene tres cuartos de baño en total? ______

2 Look at the picture. Are the following sentences true (T) or false (F)? Correct the false statements.

1 El equipo de música está al lado del ordenador. ☐
______
2 Hay un gato encima de la mesa. ☐
______
3 Debajo del armario hay una lámpara. ☐
______
4 Hay dos lámparas en la estantería. ☐
______
5 El armario está a la izquierda de la mesa. ☐
______
6 La silla está detrás de la mesa. ☐
______

3 In your exercise book/folder, describe in Spanish your house and bedroom after the decorators have been in. Be as imaginative as you like!

¡Qué desastre! En mi casa el lavaplatos está en el salón y el sillón está encima de la nevera. La televisión está en el cuarto de baño y…

1 Complete the adjectives with the correct ending.

1 un edificio antigu_____
2 una casa adosad_____
3 unos pisos bonit_____
4 unas casas cómod_____
5 un chalé modern_____
6 un bloque grand_____
7 unas granjas viej_____
8 unos rascacielos nuev_____

2 Put these sentences into the correct order.

1 cómodo vivir está mi en Me porque es encanta chalé y afueras las en

____

2 un porque piso feo Odio es y está su edificio en pequeño

____

3 que más es que gusta es Lo su granja campo grande el y en me está

____

4 piso le garaje Pienso y hay su porque ascensor que gusta

____

5 soporto su vieja casa porque playa es fea y está y no la en No

____

6 está es malo que su Lo aislada casa montaña la en

____

3 Make up six sentences in Spanish, three positive and three negative, about different types of housing.

Make sure that you justify your opinions, and that the adjectives and verbs agree!

1 ☹ No me gustan los rascacielos porque están en la playa y son feos.
2 ☺ ______________________________
3 ☹ ______________________________
4 ☺ ______________________________
5 ☹ ______________________________
6 ☺ ______________________________
7 ☹ ______________________________

1 Read the text and complete the table below in English.

Ramón y Amparo viven en Almoines, un pequeño pueblo precioso, sin industria y muy limpio. Cuando se casaron, en los años cincuenta, el pueblo tenía doscientos habitantes y era muy tranquilo, sin tráfico, ya que la gente iba en bicicleta o a pie. Ahora tiene mil habitantes y es más ruidoso porque hay muchos coches y jóvenes que van en moto.

Antes no había nada para los jóvenes. Ahora tienen un polideportivo con piscina y pistas de tenis. También, desde hace diez años, el Ayuntamiento organiza un festival de baile que tiene mucho éxito entre los turistas, que vienen de todas partes. Antes del festival no venían nunca. Hace años Almoines tenía una estación de tren, pero la cerraron para convertirla en un museo. Hoy en día hay autobuses para ir a otros pueblos, pero no son muy frecuentes.

	Past	Present
Size of town		
Population		
Quality of life		
Traffic		
Facilities for young people		
Entertainment		
Tourists		
Public transport		

2 Write these verbs in the imperfect tense and then translate them into English.

Look carefully at the ending in the present tense to help you work out which person the verb refers to.

1 juego _jugaba_ _I used to play_
2 visitamos ______ ______
3 son ______ ______
4 (Juan) trabaja ______ ______
5 viajas ______ ______
6 come ______ ______
7 voy ______ ______
8 ven ______ ______

los naranjales = *orange groves*
relajarse = *to relax*
estar jubilado/a = *to be retired*

3 Translate this text into Spanish in your exercise book/folder.

My grandfather is 80. When he was 15 his house was in the country. Now he lives in a village. He used to go school on his bicycle, and he used to walk to the city on Friday evenings, because there was nothing for young people to do in his village. He used to help his parents on Saturdays in the orange groves. Now he is able to relax because he is retired.

Mi abuelo tiene ochenta años y…

1 ***Read this blog about improving conditions for young people in Valencia. Put the phrases below in the order in which they appear in the text.***

Los jóvenes de Valencia queremos protestar y pedir más para nosotros y para nuestros vecinos.

Hay demasiado tráfico y esto genera mucho ruido. Además, es peligroso ir en moto. También es difícil viajar en transporte público hasta la universidad porque no hay muchos autobuses. Nosotros aumentaríamos la frecuencia del servicio de autobuses y ampliaríamos la línea de metro.

En verano las playas están bastante limpias porque no hay perros. Pero en primavera y en otoño nadie controla esta situación y los perros ensucian la playa. Esto resulta muy desagradable para todos.

Por la noche salen demasiados jóvenes de bares. Sería mejor tener más alternativas de ocio en la ciudad, como polideportivos. Necesitamos espacios verdes para los niños, y tenemos que mantenerlos limpios. Hay que recoger la basura todos los días y arreglar los desperfectos en los parques. En verano, en estos parques, podríamos celebrar conciertos de música al aire libre. Sería muy agradable.

También todo está muy caro. Por ejemplo los museos y las tiendas del centro son carísimas para los jóvenes. Pedimos descuentos para los estudiantes en los museos y un centro comercial cerca de la universidad.

No pedimos mucho, solo queremos mejorar las condiciones de vida de los jóvenes de Valencia.

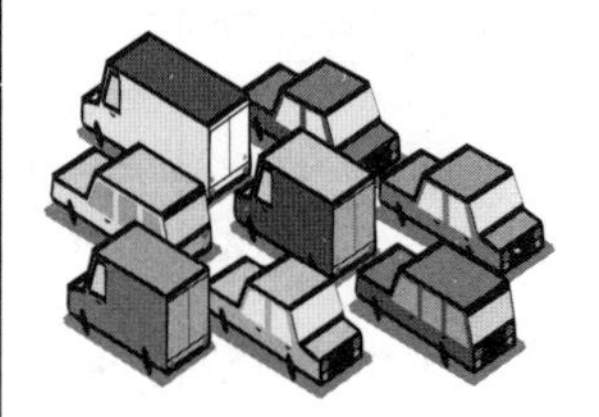

a cleaning the parks ☐

b improving sports facilities ☐

c keeping the beaches clean ☐

d repairing facilities in parks ☐

e a new shopping centre ☐

f improving frequency of public transport 1

g discounted entrance to museums ☐

h open-air concerts in the summer ☐

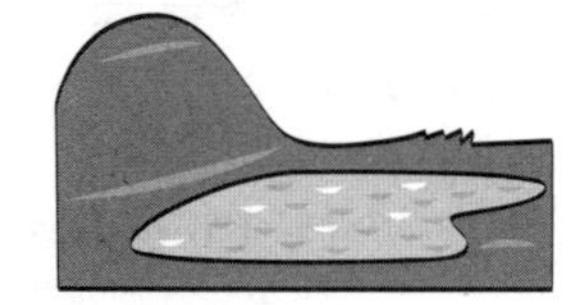

2 Match up the appropriate solutions from the box to the complaints below about modern living.

Reduciría el número de coches.	Mejoraría el transporte público.
Prohibiría los animales allí.	Limpiaría los parques.
Construiría un polideportivo.	Haría más descuentos.
Construiría un centro comercial.	Prohibiría la música alta por la noche.
Repararía los desperfectos.	Pondría más áreas de ocio.

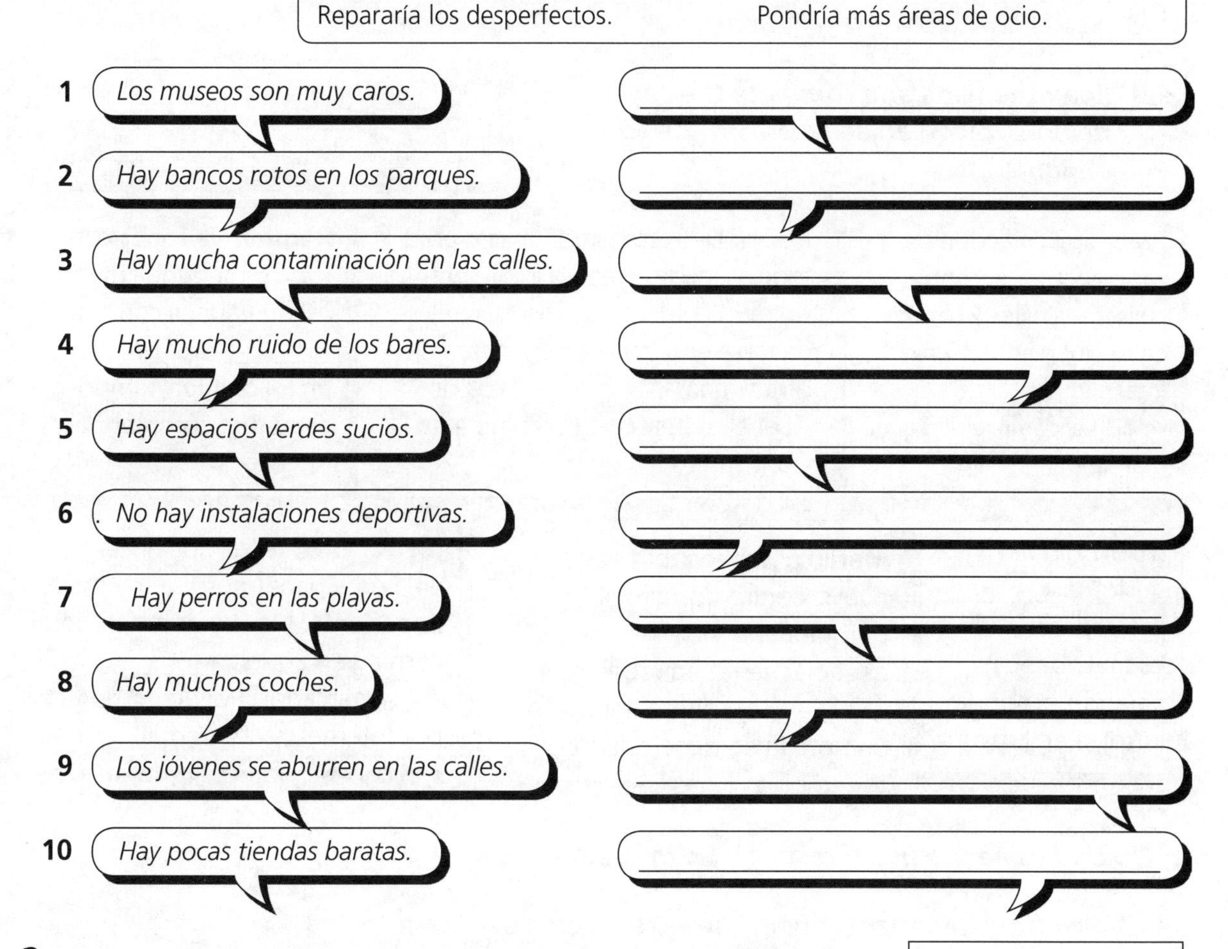

3 Answer this question in Spanish. Use the prompts in the box and add any other suggestions you think are appropriate.

¿Qué recomendarías para mejorar tu pueblo/ciudad para los jóvenes?

- clean the parks
- reduce noise
- build shopping centre
- improve public transport
- more sports facilities
- discounts in the cinema

___

___

___

___

___

___

___

___

1 **Replace the noun with the correct direct object pronoun in the sentences below.**

G Direct object pronouns *lo*, *la*, *los* or *las* must match the noun they replace.

1 Compra los vaqueros. Los compra.
2 Busco un monedero. ________ busco.
3 Veo el programa. ________ veo.
4 Escribe una carta. ________ escribe.
5 Sacamos unas entradas. ________ sacamos.
6 Lleva la falda. ________ lleva.

2a **Read the texts and complete the seven demonstrative adjectives with the correct endings.**

G Demonstrative adjectives *este*, *ese*, *aquel* are used to identify things. They must match the noun that they go with.

Juan: Soy coleccionista y me encanta encontrar cosas originales y baratas en los mercados o en Internet. ¿Es________ reloj? Lo compré en aquel mercado de Sevilla.

Isabel: Detesto las franquicias porque todo es igual. ¡Prefiero ir diferente! Cuando compro ropa de marca, me da rabia encontrarla más barata en otra tienda. Est________ falda de Chanel es preciosa y la compré en El Corte Inglés.

Raquel: No soporto la ropa de segunda mano, así que nunca compro est ________ ropa en eBay. En mi opinión, tampoco es seguro comprar por Internet.

Raúl: No me gustan est________ probadores. Es mucho más cómodo probarte la ropa en casa.

Mariluz: Me encanta es________ nuevo centro comercial porque tiene mucha variedad, especialmente en rebajas. ¿Est________ pantalones? Los compré la semana pasada.

Jorge: Odio tener que hacer cola para pagar porque soy muy impaciente. No me gusta comprar comida en aquel________ supermercados. Puedo comprarla por Internet. ¡Menos mal!

2b **Underline the five direct objects in the texts above.**

3 **Which four statements about the texts in exercise 2 are true (T)?**

1 Raquel buys second-hand clothing. ☐
2 Jorge does all his food shopping in town. ☐
3 Mariluz loves the sales. ☐
4 Juan finds bargains in markets. ☐
5 Raúl likes trying clothes on in shops. ☐
6 Isabel hates chain stores. ☐
7 Jorge hates queueing. ☐
8 Raquel buys all her clothes on the Internet. ☐

4 **Translate these sentences into Spanish.**

1 These trainers? I bought them. ________________________
2 That belt in the magazine? Yes, I saw it. ________________________
3 That tie? He sold it. ________________________
4 Those gloves from Paris? He lost them. ________________________
5 Those sunglasses over there? She found them. ________________________

1 Use the phrases in the box to complete the sentences below.

demasiado largos. | demasiado grande. | ¿Tiene una más pequeña? | un agujero. | iPod porque no funciona. | porque están rotos. | porque le falta un botón.

1 Quería cambiar esta falda porque es ______________________

2 Quería devolver este ______________________

3 Quería cambiar estos pantalones porque son ______________________

4 Quería devolver esta corbata porque tiene ______________________

5 Quería devolver estos pendientes ______________________

6 Quería cambiar esta camisa ______________________

devolver = *to return*

2 Put the conversation in the correct order.

Dependiente: Lo siento, solo puedo repararlo o cambiarlo por otro reloj. ☐

Dependiente: Buenos días. ¿En qué puedo ayudarle? 1

Dependiente: Vale… un momento por favor. ☐

Dependiente: ¿Tiene el recibo? ☐

Dependiente: Bueno… Puede cambiarlo por otro. ☐

Tú: No, gracias. Quiero un reembolso. ☐

Tú: Me parece inaceptable. Quiero hablar con el director. ☐

Tú: Sí. Aquí está. ☐

Tú: Buenos días. Quería devolver este reloj porque está roto y no funciona. ☐

3 Answer the following questions in Spanish. Make sure that you give reasons. You can adapt some of the reasons in the box below or make up your own.

me te le les	gusta/n falta/n interesa/n encanta/n fascina/n	la música de estar a la moda los libros de las películas de la joyería
es aficionado/a a		

1 ¿Qué le vas a traer a tu hermana para Navidad? (sunglasses)
Le voy a traer unas gafas de sol de Ray-Bans porque le gusta estar a la moda.

2 ¿Qué le vas a comprar a Ana, tu mejor amiga, para su cumpleaños? (bracelet)
____

3 ¿Qué te va a regalar tu tía para tu cumpleaños? (earrings)
____

4 ¿Qué les vas a regalar a tus padres para su aniversario? (a bottle of wine)
____

1 Underline the correct demonstrative adjective and pronoun in the sentences below.

1 ¿*Aquella/Este/Esas* casa? Va a comprar*lo/la/le*.
2 ¿*Aquellos/Esa/Este* libro? Voy a leer*lo/la/le*.
3 ¿*Aquellos/Esta/Ese* juego? *La/Le/Lo* jugué con mi hermano.
4 ¿*Aquellas/Esos/Estas* programas? *Los/Las/Les* grabó anoche.
5 ¿*Esas/Esos/Estos* chicas? Vamos a ayudar*les/los/las*.
6 ¿*Aquel/Aquella/Aquellos* museo? *Lo/La/Le* visitaría.
7 No *le/lo/les* voy a regalar un CD porque no *le/lo/los* gusta esta música.
8 *Le/Los/Lo* va a comprar juegos nuevos porque *lo/le/los* encantan.

The conditional looks very similar to the imperfect because the word endings look the same. Remember that the conditional will always have 'r' just before the end of the verb.

2 Complete the Spanish and English translations of these verbs.

1 yo miraría ______________
2 jugabas ______________
3 ______________ they would write
4 compraríais ______________
5 ______________ we were drinking
6 ______________ she would live
7 habría ______________
8 deberían ______________
9 (tú) ______________ you would go out
10 ______________ they were doing/making
11 (ellos) ______________ they would put
12 yo haría ______________

3 Answer these questions in Spanish.

Look carefully at the verb in the question to see which tense you should use.

1 ¿Cómo es tu casa? ______________
2 ¿Cómo es tu pueblo/ciudad? ______________
3 ¿Qué haces los sábados por la tarde? ______________
____
4 ¿Te gustaba jugar en el jardín cuando tenías cinco años? ______________
____
5 ¿Cómo era tu habitación cuando tenías siete años? ______________
____
6 ¿Dónde estaría tu casa ideal? ______________
7 ¿Qué habitaciones tendría? ______________
____
8 ¿Qué habría en el jardín? ______________
____

Vocabulario

Hogar, dulce hogar *Home, sweet home*

Vivo en…	*I live in…*
un apartamento	*an apartment*
un chalé	*a house/chalet*
un piso	*a flat*
una casa	*a house*
arriba	*upstairs*
abajo	*downstairs*
fuera	*outside*
hay…	*there is…*
tenemos…	*we have…*
un aseo	*a toilet*
un comedor	*a dining room*
un cuarto de baño	*a bathroom*
un cuarto	*a room*
un dormitorio	*a bedroom*
un estudio/despacho	*a study*
un garaje	*a garage*
un jardín	*a garden*
un salón	*a lounge*
una cocina	*a kitchen*
una habitación	*a room*
una terraza	*a terrace*
el armario	*wardrobe*
el equipo de música	*stereo*
el espejo	*mirror*
el horno	*oven*
el lavaplatos	*dishwasher*
el ordenador	*computer*
el sofá	*sofa*
la alfombra	*carpet*
la butaca/el sillón	*armchair*
la cama	*bed*
la estantería	*bookcase*
la lámpara	*lamp*
la lavadora	*washing machine*
la moqueta	*carpet*
la nevera/el frigorífico	*fridge*
la puerta	*door*
la silla	*chair*
la televisión	*TV*
la ventana	*window*
a la derecha de	*on the right of*
a la izquierda de	*on the left of*
al lado de	*next to*
debajo de	*under*
delante de	*in front of*
detrás de	*behind*
encima de	*on*
entre	*between*
En la planta baja hay…	*On the ground floor, there is/are…*
En la primera planta hay…	*On the first floor, there is/are…*
En las paredes hay…	*On the walls, there is/are…*
En el suelo hay…	*On the floor, there is/are…*
Es la habitación donde me lavo el pelo…	*It's the room where I wash my hair…*
Tengo que compartir mi habitación con…	*I have to share my room with…*
Tengo que dormir en el mismo cuarto que…	*I have to sleep in the same room as…*
Necesito tener mi propia habitación porque…	*I need to have my own room because…*

¿Cómo es tu casa? *What's your house like?*

Vivo en…	*I live in…*
un bloque de pisos	*a block of flats*
un edificio	*building*
un rascacielos	*a skyscraper*
una granja	*a farm*
adosado/a	*semi-detached*
aislado/a	*detached*
antiguo/a	*old*
bonito/a	*nice/pretty*
cómodo/a	*comfortable*
feo/a	*ugly*
grande	*large*
moderno/a	*modern*
nuevo/a	*new*
pequeño/a	*small*
viejo/a	*old*
Está…	*It is…*
en la ciudad	*in the city*
en un pueblo	*in a town*
en las afueras	*in the outskirts*
en el campo	*in the countryside*
en la costa	*on the coast*
en la playa	*by the beach*
en la montaña	*in the mountains*
Lo bueno es que…	*The good thing is that…*
Lo malo es que…	*The bad thing is that…*
Lo que más me gusta es que…	*What I like most is that…*
Lo que menos me gusta es que…	*What I like least is that…*
Hay/No hay…	*There is/isn't (are/aren't)…*
Tenemos/No tenemos…	*We have/don't have…*
calefacción	*heating*
habitaciones grandes	*large rooms*
mucho/poco espacio	*a lot of/not much space*
un aparcamiento	*a parking space*
un ascensor	*a lift*
un ático	*an attic*
un garaje	*a garage*
un jardín (con césped)	*a garden (with lawn)*
un patio	*a patio*
un sótano	*a cellar*
una terraza	*a terrace*
una piscina	*a swimming pool*

Mi barrio *My neighbourhood*

Vivo en un pueblo/una ciudad...	*I live in a... village/small town/a... city*	discotecas	*discos*
grande	*large*	parques	*parks*
histórico/a	*historic*	restaurantes	*restaurants*
importante	*important*	salas de juegos	*amusement arcades*
industrial	*industrial*	un centro comercial	*a shopping centre*
moderno/a	*modern*	un cine	*a cinema*
pequeño/a	*small*	un polideportivo	*a sports centre*
turístico/a	*tourist*	una biblioteca	*a library*
Mi barrio/pueblo/ciudad es...	*My neighbourhood/town/city is...*	una pista de tenis	*a tennis court*
bonito/a	*nice*	muchas cosas que hacer	*a lot of things to do*
conocido/a	*well-known*	mucho que hacer	*a lot to do*
feo/a	*ugly*	muchos lugares de interés	*a lot of places of interest*
ruidoso/a	*noisy*	mucha contaminación	*a lot of pollution*
tranquilo/a	*quiet*	No hay...	*There isn't/aren't...*
Hay...	*There is/are...*	(No) Está...	*It is(n't)...*
bares	*bars*	Mi abuelo/a dice que antes era...	*My grandfather/grandmother says that before it used to be...*

Mi ciudad hoy y mañana *My city today and tomorrow*

En mi ciudad...	*In my city...*	no hay muchos árboles	*there aren't many trees*
hay mucha basura	*there is a lot of rubbish*	no hay muchos espacios verdes	*there aren't many green spaces*
hay muchas tiendas	*there are a lot of shops*	no hay red de transporte público	*there is no public transport network*
hay mucho tráfico	*there is a lot of traffic*	Deberíamos construir... para los jóvenes.	*We should build... for young people.*
hay muchos habitantes	*there are a lot of inhabitants*	una bolera	*a bowling alley*
hay muchos museos y muchas galerías de arte	*there are a lot of museums and art galleries*	un centro cultural para jóvenes	*a cultural centre for young people*
hay muchos turistas	*there are a lot of tourists*	un cine	*a cinema*
hay una zona peatonal	*there is a pedestrian zone*	un polideportivo	*a sports centre*
no hay muchas áreas de ocio	*there aren't many leisure areas*		

El centro comercial *The shopping centre*

Estoy buscando...	*I'm looking for...*	unas gafas de sol	*sunglasses*
un abrigo	*a coat*	unos calcetines	*socks*
una bolsa	*a handbag*	unos guantes	*gloves*
un bolso	*a bag*	de algodón	*made of cotton*
un cinturón	*a belt*	de cuero	*made of leather*
un sombrero	*a hat*	de lana	*made of wool*
una corbata	*a tie*	de seda	*made of silk*
una gorra	*a cap*	de lunares	*spotted*

Regalos y quejas *Presents and complaints*

para el día de la madre/del padre	*for Mother's/Father's Day*	Está estropeado/a.	*It's broken.*
para Navidad	*for Christmas*	Es demasiado grande/pequeño/a.	*It's too big/small.*
para mi/tu/su cumpleaños	*for my/your/his/her birthday*	Tiene un agujero.	*It has a hole.*
me voy a regalar...	*I'm going to give myself...*	Está roto/a.	*It's broken.*
te/os voy a comprar...	*I'm going to buy you...*	No funciona.	*It doesn't work.*
le/les voy a regalar...	*I'm going to give him/her/them...*	¿Tiene el recibo?	*Have you got a receipt?*
un anillo	*a ring*	Le voy a dar otro/a...	*I am going to give you another...*
un collar	*a necklace*	No tengo el recibo.	*I don't have the receipt.*
un DVD	*a DVD*	Quería un reembolso.	*I'd like a refund.*
un libro	*a book*	Quiero hablar con el director.	*I want to speak to the manager.*
un reloj de plata/oro	*a silver/gold watch*	Me parece inaceptable.	*It's unacceptable.*
una pulsera	*a bracelet*	Lo siento, es imposible cambiar o hacer un reembolso sin el recibo.	*I'm sorry, it's not possible to do an exchange or give you your money back without a receipt.*
unas zapatillas de deporte	*trainers*		
unos pendientes	*earrings*		
Quería cambiar este/esta...	*I'd like to change this...*		

Repaso 1 *Pasándolo mal* (pages 144–145)

1a Unscramble each problem and match it up with the pictures.

el he me pie cortado	fiebre tengo y calor tengo	sueño y estoy cansada tengo

1 Tengo fiebre y tengo calor.
Tienes que tomar una aspirina.

2 ______________________
____

3 ______________________
____

1b Choose a suitable piece of advice from the box and write it under each of the problems above.

Tienes que tomar una aspirina.	Tienes que descansar.	Debes ponerte una tirita.

2 Complete this dialogue with a pharmacist in Spanish.

Buenos días. ¿Qué te pasa?

(Say you are not well.) Estoy pachucho/a.

¿Qué te pasa exactamente?

(Say you have a headache and a sore throat.) ______________________

¿Desde hace cuánto tiempo?

(Say since this morning.) ______________________

Debes tomar este jarabe para la garganta y dos aspirinas. ¿Algo más?

(Say you have cut your hand.) ______________________

¿Qué te pasó?

(Say you had an accident playing on the beach.) ______________________

____

Tienes que ponerte una tirita.

1 Find the food items in the wordsnake and then match them up with the quantities below.

aceitehuevosquesocafépastelespanatúnleche

un paquete de | un cartón de | dos barras de | una botella de | una lata de | ~~media docena de~~ | doscientos gramos de | una caja de

1 media docena de huevos
2 __________
3 __________
4 __________
5 __________
6 __________
7 __________
8 __________

2 True (T) or false (F)? Correct the false sums.

1 diez euros con quince = 10,50€ ☐ ______

2 seis euros con sesenta = 6,70€ ☐ ______

3 ocho euros con diez = 10,18€ ☐ ______

4 veinte euros con cinco = 20,05€ ☐ ______

5 dieciséis euros con setenta y cinco = 17,65€ ☐ ______

6 trece euros con cincuenta = 13,50€ ☐ ______

3 You are going on a picnic. Complete this dialogue with a shopkeeper in Spanish.

Buenos días. ¿Qué desea?

(Ask for a loaf of bread.) __________

Tome usted. ¿Algo más?

(Your own choice of fruit.) __________

A ver, aquí tiene. ¿Es eso todo?

(300g cheese.) __________

Aquí tiene. ¿Algo más?

(Say nothing else, thank you. Ask how much it is.) __________

Son dos euros, más tres euros con diez, más cuatro euros con veinte. En total son nueve euros con treinta.

(Say here you are, 10€.) __________

El cambio, setenta céntimos. Adiós.

(Say thank you and goodbye.) __________

***1* Write the twelve verbs in brackets in the present or imperfect tense.**

Hoy en día muchos niños ([1] llevar) _llevan_ una vida demasiado sedentaria porque ([2] pasar) ________ muchas horas delante de la televisión o jugando con el ordenador. En el insti no ([3] hacer) ________ mucho deporte y ([4] soler) ________ ir al cole en autobús o en coche.

Cuando mi padre ([5] ser) ________ joven, ([6] ir) ________ al colegio andando todos los días. Después, en casa, siempre ([7] merendar) ________ fruta y leche y ([8] salir) ________ a jugar a la calle, porque no había tanto tráfico. La dieta de mis padres ([9] ser) ________ mucho más sana porque no había comida precocinada, ni tanta comida rápida. No tomaban mucha grasa, ni azúcar y su comida ([10] contener) ________ muchas vitaminas.

En cambio, hoy mis padres suelen trabajar muchas horas y pocas veces ([11] tener) ________ tiempo para cocinar con ingredientes frescos. También hay poco tiempo para hacer ejercicio, aunque hay familias que van al gimnasio o ([12] practicar) ________ deporte frecuentemente.

G The imperfect tense is used to describe things that you used to do, while the present tense is used for describing current habits. Key time markers will help you decide which tense is most appropriate.

***2* Put these phrases in the order in which they are mentioned in the text in exercise 1.**

a play in the street ☐
b ready meals ☐
c go to school by bus or car ☐
d healthier diet ☐
e long working hours ☐
f fruit and milk after school ☐
g little time for exercise ☐
h fast food ☐
i too much time sitting down [1]

***3* Answer these questions in Spanish, as fully as you can, about the lifestyles described in the text above.**

1 ¿Por qué no hacen tanto ejercicio los niños de hoy? ________________________________

____

2 ¿Qué ejercicio hacía su padre cuando era joven? ________________________________

____

3 ¿Cuáles son las diferencias entre la comida de hoy y las comidas de cuando su padre era joven?

____

____

4 ¿Por qué hoy hay menos costumbre de cocinar con productos frescos? ____________________

____

2 ¿Llevas una vida sana? (pages 150–151)

***1* Complete the advice below with verbs from the box. ¡Ojo! You can only use each verb once.**

llevaría
deberías
empezaría
comería
cambiaría
dejaría
deberías
tendrías

1 Para sentirte bien, ______________ cambiar de dieta porque tanto azúcar es malo. Yo en tu lugar, ______________ una dieta más equilibrada.

2 Para sentirte mejor, ______________ intentar hacer más ejercicio y estar más al aire libre. Yo sé que es difícil, pero ______________ mi estilo de vida.

3 ______________ que cambiar tus horarios y comer sólo a la hora de las comidas. Yo en tu lugar, ______________ a hacer un poco de ejercicio en mi tiempo libre.

4 ¡No te preocupes! Yo en tu lugar, ______________ de tomar pastillas y ______________ más fruta y verduras. Pero para estar en forma, deberías empezar a hacer ejercicio.

dejar de = *to stop*

***2* Match the advice from exercise 1 to the problems below.**

a Quiero estar más fuerte, pero odio hacer deporte. Tomo vitaminas todos los días. ☐

b Me falta energía y siempre estoy cansado. Solo quiero sentarme delante de la tele. ☐

c Me siento fatal porque estoy demasiado delgado y como muchos dulces y chocolate, pero no engordo. ☐

d Me siento mal porque estoy engordando. ¡Me encanta comer todo el tiempo! ☐

***3* Write a reply in Spanish to José's letter below with suitable advice.**

Querida Tía Tita:

Mi hermano menor, Miguel, es adicto al ordenador y se pasa todas las tardes en casa jugando a los videojuegos. Solamente quiere estar delante del ordenador. Siempre está comiendo caramelos y chocolate. Dice que en el futuro hará ejercicio y dejará de jugar tanto con el ordenador, pero de momento no quiere hacerlo.

¿Qué debería hacer Miguel?

José

____

____

____

____

____

____

____

____

3 Los jóvenes (pages 152–153)

1 Read about the concerns of young Spanish people. Then explain the figures below.

Consumo de alcohol: Lo toman habitualmente más del sesenta por ciento de los jóvenes de trece a veinte años. El consumo de alcohol puede comenzar antes de los doce años.

El tabaquismo: Algunos empiezan a fumar con ocho años, y son más las chicas que fuman que los chicos.

Iniciación en las drogas: Según datos del Plan Nacional sobre Drogas, el treinta y uno por ciento de los adolescentes ha probado el cannabis. La edad media de los jóvenes que prueban la marihuana es catorce años.

Acoso escolar por parte de sus compañeros: Ocurre, según el Ministerio de Educación, hasta en el quince por ciento de los alumnos no universitarios.

Trastornos de la imagen y la alimentación: Anorexia, bulimia nerviosa… Las sufren el tres por ciento de las adolescentes españolas, según el Ministerio de Educación.

Problemas derivados del mal uso de Internet: La adicción a Internet afecta, sobre todo, a chicos mayores. Según un estudio, hay jóvenes que dedican más de veinte horas semanales a la web y la utilizan para jugar "online".

Sectas y socio-adicciones: Según el Instituto de Sociología Aplicada, en España hay ciento cincuenta mil jóvenes que pertenecen a sectas religiosas.

La violencia callejera: Un diez por ciento de las víctimas son adolescentes, según el Instituto de la Juventud.

60 ____________________

14 ____________________

15 ____________________

3 ____________________

20 ____________________

150 000 ____________________

10 ____________________

2 Which problem could each of these phrases relate to? Choose the relevant heading from the text in exercise 1.

1 Ojalá te sientas más seguro en el colegio. ____________________

2 Ojalá dejes de usar el ordenador tanto. ____________________

3 Ojalá puedas dejar el tabaco. ____________________

3 Answer fully the questions below, in Spanish, in your exercise book/folder.

1 En tu opinión, ¿es más peligroso el tabaco o el alcohol?

2 En tu opinión, ¿por qué hay tantos jóvenes que beben mucho alcohol?

3 ¿Hasta qué edad se debería prohibir el consumo de alcohol?

4 ¿Qué opinas del tabaco?

5 ¿Te parece bien la prohibición de fumar en lugares públicos?

6 ¿Es importante prohibir las drogas blandas?

1 Change these reflexive verbs into the perfect tense to match the translations.

1 torcerse (tú) – *You have twisted your ankle.* ____________________

2 romperse – *He has broken his arm.* ____________________

3 cortarse – *I have cut my hand.* ____________________

4 caerse – *They have fallen into the water.* ____________________

5 relajarse (tú) – *You have relaxed.* ____________________

6 quemarse – *I have burnt my foot.* ____________________

2 Fill in the gaps with a verb from the box.

La adolescencia (1)____________ la época de probar cosas nuevas. Los adolescentes (2)____________ el alcohol y otras drogas por varias razones, una de ellas la curiosidad. Un adolescente dijo que (3)____________ porque se sentía bien y porque tomar alcohol (4)____________ el estrés. Es difícil poder determinar cuántos adolescentes (5)____________ problemas serios. Los adolescentes que (6)____________ el riesgo de desarrollar problemas de alcoholismo y drogadicción, serán jóvenes con problemas emocionales. (7)____________ reconocer que muchos jóvenes españoles toman alcohol, sin darse cuenta de las consecuencias. Ojalá el gobierno (8)____________ concienciar mejor a los jóvenes sobre los efectos dañinos del alcohol.

- se debería
- es
- tendrán
- reducía
- prueban
- corren
- pueda
- bebía

3 Translate the following phrases into Spanish.

All the verbs you need are on this page, but you need to be careful when considering the tense and the person.

1 Young people run the risk of ____________________

2 It would reduce stress ____________________

3 They will drink alcohol ____________________

4 You would not have problems ____________________

5 I used to feel terrible ____________________

6 Let's hope that you (*tú*) are able to ____________________

Pasándolo mal *Feeling ill*

el brazo	*arm*
el codo	*elbow*
el estómago	*stomach*
el pie	*foot*
la boca	*mouth*
la cabeza	*head*
la espalda	*back*
la garganta	*throat*
la mano	*hand*
la nariz	*nose*
la pierna	*leg*
la rodilla	*knee*
las muelas/los dientes	*teeth*
los oídos/las orejas	*ears*
los ojos	*eyes*
Le duele(n)…	*His/her… hurts*
Me duele(n)…	*My… hurts*
Te duele(n)…	*Your… hurts*
Tengo dolor de…	*I have …ache*
Tiene dolor de…	*He/She has …ache*
Tienes dolor de…	*You have …ache*
No me encuentro bien./Me siento mal.	*I don't feel well.*
Tienes mala cara.	*You don't look well.*
¿Cuánto (tiempo) hace que te duele?	*How long has it been hurting you?*
¿Desde cuándo?	*Since when?*
¿Desde hace cuánto tiempo?	*For how long?*
Desde hace…	*For…*
Desde…	*Since…*
Estoy cansado(a)./Tengo sueño.	*I'm tired./I'm sleepy.*
Estoy enfermo.	*I'm ill.*
Me he cortado el pie.	*I've cut my foot.*
Me he quemado la espalda.	*I've burnt my back.*
Me he roto la pierna.	*I've broken my leg.*
Me he torcido el tobillo.	*I've twisted my ankle.*
Tengo fiebre.	*I've got a temperature.*
Tengo frío/calor.	*I'm cold/hot.*
Tengo gripe.	*I've got flu.*
Tengo tos.	*I've got a cough.*
Tengo un resfriado.	*I've got a cold.*
Tengo una insolación.	*I've got sunburn.*
Tienes que…	*You have to…*
Debes…	*You should…*
beber mucha agua	*drink a lot of water*
descansar	*rest*
ir al hospital inmediatamente	*go to hospital immediately*
ponerte esta crema	*put this cream on*
ponerte una tirita	*put a plaster on*
tomar este jarabe	*take this syrup*
tomar una aspirina	*take an aspirin*

¿Cuánto es? *How much is it?*

las cebollas	*onions*
las judías verdes	*green beans*
las manzanas	*apples*
las naranjas	*oranges*
las peras	*pears*
las zanahorias	*carrots*
los champiñones	*mushrooms*
los guisantes	*peas*
los huevos	*eggs*
los limones	*lemons*
los melocotones	*peaches*
los melones	*melons*
los pepinos	*cucumbers*
los pimientos rojos	*red peppers*
los plátanos	*bananas*
¿En qué puedo servirle?	*How can I help you?*
Deme…, por favor.	*Give me…, please.*
Lo siento, no queda(n)…	*I'm sorry, I don't have any… left.*
Aquí tiene. ¿Algo más?	*Here you are. Anything else?*
No, nada más.	*No, nothing else.*
¿Cuánto es?	*How much is it?*
¿Cuánto cuesta(n)?	*How much does it/do they cost?*
Son… euros con…	*They are… euros and…*
…gramos de…	*…grams of…*
medio kilo/un kilo/dos kilos de…	*half a kilo/one kilo/two kilos of…*
media docena/una docena de huevos	*half a dozen/a dozen eggs*
un cartón de leche	*a carton of milk*
un paquete de azúcar/arroz	*a packet of sugar/rice*
una barra de pan	*a stick/loaf of bread*
una botella de aceite	*a bottle of oil*
una caja de galletas	*a box of biscuits*
una lata de atún	*a tin of tuna*
una pastilla de mantequilla	*a packet of butter*

Estar en forma *Keeping fit*

Para estar en forma…	*To be in shape/keep fit…*
Para no engordar…	*To not put on weight…*
siempre	*always*
a menudo	*often*
frecuentemente	*frequently*
de vez en cuando	*sometimes*
raramente	*rarely*
raras veces	*occasionally*
nunca	*never*
(no) como/bebo	*I (don't) eat/drink*
desayuno	*I eat breakfast*
ceno	*I eat dinner*
suelo beber	*I usually drink*
suelo comer	*I usually eat*
intento beber	*I try to drink*
intento comer	*I try to eat*
intento evitar	*I try to avoid*
el café	*coffee*
el cordero	*lamb*
el pescado	*fish*
el pollo	*chicken*
el queso	*cheese*
el té	*tea*
el yogur	*yogurt*
el zumo	*juice*
la carne de cerdo	*pork*
la comida basura/rápida	*junk/fast food*
la ensalada	*salad*
la fruta	*fruit*
la leche	*milk*
la lechuga	*lettuce*
la merluza	*hake*
la ternera	*veal*
las gambas	*prawns*
las hamburguesas	*hamburgers*
las tartas con nata	*cream cakes*
las verduras	*vegetables*
los churros	*donuts*
los dulces	*sweets*
los filetes	*steak*
los huevos	*eggs*
las legumbres	*vegetables*
los pasteles	*cakes*
los perritos calientes	*hot dogs*
Contiene(n) …	*It contains (They contain) …*
No contiene(n) …	*It doesn't (They don't) contain…*
demasiado/a	*too much*
mucho/a	*a lot*
poco/a	*a little*
el azúcar	*sugar*
la sal	*salt*
la fibra	*fibre*
la grasa	*fat*
las proteínas	*proteins*
las vitaminas	*vitamins*

¿Llevas una vida sana? *Do you lead a healthy life?*

(No) Deberías…	*You should(n't)…*
ponerte en forma	*get in shape/get fit*
preocuparte	*worry*
Para perder peso/adelgazar, deberías…	*To lose weight/slim down, you should…*
Para estar en forma, deberías…	*To be in shape/keep fit, you should…*
Para llevar una vida más sana, deberías…	*To lead a healthier life, you should…*
Para no estar cansado/a, deberías …	*To not be tired, you should…*
Para sentirte mejor, deberías…	*To feel better, you should…*
Yo, en tu lugar,…	*In your place, I…*
(no) cambiaría mi estilo de vida	*I would(n't) change my lifestyle*
bebería más/menos…	*I would drink more/less…*
comería más/menos…	*I would eat more/less…*
compraría caramelos sin azúcar	*I would buy sugar-free sweets*
empezaría a hacer/practicar/jugar…	*I would start to do/play…*
haría más deporte	*I would do more sport*
intentaría comer/hacer…	*I would try to eat/do…*
Vale. Tienes razón.	*OK. You're right.*
En el futuro…	*In the future…*
beberé	*I will drink*
cambiaré	*I will change*
comeré	*I will eat*
compraré	*I will buy*
empezaré	*I will begin*
haré	*I will do*
intentaré	*I will try*

Los jóvenes *Young people*

En mi opinión…	*In my opinion…*
Creo que…	*I think that…*
A mi modo de ver…	*As I see it…*
Por un lado…, por otro lado…	*On one hand…, on the other hand…*
Me da igual…	*I'm not bothered…*
Tendría miedo de…	*I would be afraid of…*
beber alcohol	*drinking alcohol*
fumar cigarrillos	*smoking cigarettes*
llevar navajas	*carrying knives*
tomar drogas blandas	*taking soft drugs*
tomar drogas duras	*taking hard drugs*
vivir en un barrio violento	*to live in a rough neighbourhood*
la dependencia	*addiction*
hacerse drogadicto/alcohólico	*to become a drug addict/an alcoholic*
los riesgos	*the risks*
morir	*to die*
es peligroso	*it's dangerous*
es una pérdida de tiempo/dinero	*it's a waste of time/money*
es una tontería	*it's stupid*
es divertido	*it's fun*
mis amigos lo hacen	*my friends do it*
no me parece una cosa seria	*it doesn't seem like something serious to me*
se puede dejar fácilmente	*you can give up easily*
es inofensivo	*it's harmless*

1 ***Complete the verb* deber *with the correct form of the conditional.***

1 Nosotros deber*íamos* plantar más arboles porque no hay suficientes espacios verdes.

2 Ellos deber______ limpiar las calles porque están sucias y llenas de basura.

3 No llueve mucho, y por eso se deber______ ahorrar agua.

4 Yo deber______ reciclar más envases, por ejemplo el cartón, el vidrio y el plástico.

5 La población malgasta la energía y deber______ consumir menos petróleo.

6 Tú no deber______ dejar papeles en el suelo; deberías ponerlos en la papelera.

7 Ellos deber______ cuidar la naturaleza y dejar de tirar basura al campo.

8 Se deber______ usar el transporte público y no contaminar el aire con las emisiones de los coches.

2 ***Find these phrases in Spanish in exercise 1.***

1 *full of rubbish* ______________________

2 *to save* ______________________

3 *packaging* ______________________

4 *glass* ______________________

5 *the population* ______________________

6 *oil* ______________________

7 *to look after* ______________________

8 *to throw (away)* ______________________

9 *to pollute* ______________________

3 ***Complete the sentences below in Spanish to make your own suggestions for preserving the environment. Use at least three different forms of* deber *in the conditional.***

1 Opino que ____

____

2 A mi modo de ver ____

____

3 Para mí ____

____

4 Por un lado, ____

por otro lado ____

5 Creo que ____

6 También ____

1 El mundo hoy en día (pages 164–165)

1 *Read the article and find the phrases below in the text.*

17 de octubre, Día Internacional para la Erradicación de la Pobreza

MILES DE ESPAÑOLES INUNDARON HOY LAS CALLES PARA EXIGIR A LOS POLÍTICOS AVANCES EN SUS COMPROMISOS INCUMPLIDOS CONTRA LA POBREZA

Madrid, 17 de octubre de 2008.

"No es necesario que la pobreza exista ahora. Un mundo en el que el cincuenta por ciento de la población vive sin derechos ni oportunidades, es un mundo en crisis." Hoy noventa mil personas han recorrido el centro de Madrid. Para ellas es muy importante que los políticos desarrollen medidas urgentes contra la pobreza. Este año son cincuenta millones más, las personas que pasan hambre. La cifra llega a un total de mil millones de personas en todo el planeta.

La Alianza Española contra la Pobreza dice que es terrible que mueran treinta mil niños y niñas cada día por causas evitables, y que es increíble que los gobiernos de los países desarrollados puedan dar cientos de miles de millones de euros a los bancos afectados por la crisis financiera, pero que no puedan encontrar una solución a la pobreza. La Alianza dice que es esencial que anulen las deudas de los países menos desarrollados.

Más de cincuenta ciudades en todo el mundo se manifestaron hoy y muchas más continuarán haciéndolo hasta el domingo. Pueden ver las citas en: www.rebelatecontralapobreza.org ¡Ojalá nos escuchen!

anular = *to cancel*
desarrollados = *developed*
exigir = *to demand*
existir = *to exist*
el hambre = *hunger*
las medidas = *measures, steps*
morir = *to die*
recorrer = *to march through*

1. *it is terrible that* ____________________
2. *it is not necessary that* ____________________
3. *it is essential that* ____________________
4. *it is unbelievable that* ____________________
5. *it is very important that* ____________________
6. *let's hope* ____________________

2 *Write down the six verbs in the present subjunctive from the text in exercise 1.*

____________ ____________ ____________

____________ ____________ ____________

***3* Complete this table in English with details from the article in exercise 1.**

17/10/2008	Date of demonstration against poverty
	Percentage of population without rights or opportunities
	Number of people who demonstrated in Madrid
50 000 000	
1 000 000 000	
	Number of children who die from avoidable causes every day
hundreds of thousands of millions of euros	
	Number of cities that demonstrated today

***4* Are these sentences true (T) or false (F)? Correct the false sentences in Spanish.**

1 Es el día europeo contra la pobreza. ☐ *Es un día internacional.*

2 La manifestación del artículo se celebró en Madrid. ☐ ______

3 Para el gobierno, la crisis financiera de los bancos es más importante que la pobreza. ☐

______

4 Los gobiernos han encontrado una solución a la pobreza. ☐ ______

______

5 Las manifestaciones duran un día. ☐ ______

6 Otras ciudades del mundo también se manifestaron hoy. ☐ ______

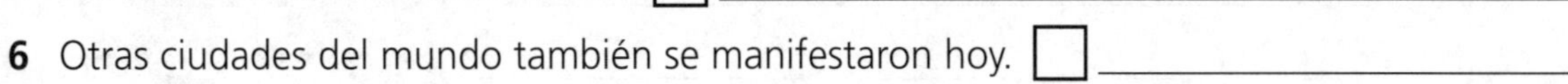

***5* Answer the following questions in Spanish as fully as possible.**

1 ¿Cuál piensas que es el problema más serio en el mundo hoy en día? ______

______

2 Para ti, ¿es importante erradicar la pobreza? ¿Cómo lo harías? ______

______

3 ¿Qué piensas del número de personas que pasa hambre en el mundo? ______

______

4 ¿Qué es más importante para los países pobres, la comida o el agua limpia? ______

______

5 ¿Has participado alguna vez en una manifestación? ______

______

1 ***Put the following verbs into the correct column in the table below.***

no utilice	cuide	~~no compre~~	no deje	no cuida	no cambies	no cuides
no cambie	ahorrar	no utilices	ahorre	~~no compres~~	utilizar	no dejes

G The present subjunctive is used for formal positive commands and for all negative commands (formal and informal).

Infinitive	Present (he/she)	Command (usted)	Command (tú)
comprar	no compra	*no compre*	*no compres*
cuidar			
dejar	no deja		
	ahorra		no ahorres
cambiar	no cambia		
	no utiliza		

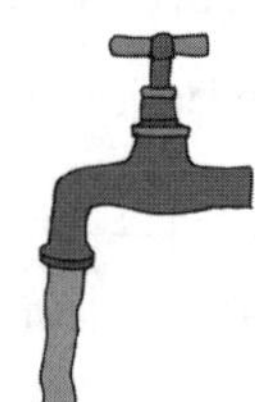

2 ***Complete the sentences below with the correct phrases from the box.***

1 No compre*s detergentes con fosfatos.* ______
2 No tire ______
3 No ensuc______
4 No contamin______
5 No malgast______
6 No consum______
7 Ahorr______

e el agua
e energía
ie el agua del mar
los envases a la basura
e el aire con emisiones de CO_2
a combustibles fósiles
~~s detergentes con fosfatos~~

3 ***Translate the following pieces of advice into English. Then match them up with the sentences in exercise 2.***

a Proteja la vida marina. *Protect sea-life.* ______ [3]
b Apague la tele y las luces. ______ [ ]
c Recicle el papel y el cartón. ______ [ ]
d Dúchese en vez de bañarse. ______ [ ]
e Utilice jabón ecológico. ______ [ ]
f Comparta el coche con amigos. ______ [ ]
g Use energía solar. ______ [ ]

4 *Unscramble the verbs in the box and fit them into the puzzle.*

1		☐	☐	☐	☐	e	☐	☐	☐					
						f								
2					☐	e	☐	☐	☐	☐	☐			
						c								
3	☐	☐	☐	☐	☐	t	☐	☐	☐					
						o								
						i								
4				☐	☐	n	☐	☐	☐	☐	☐			
						v								
						e								
5	l	☐	☐	☐	☐	r								
						n								
6		☐	☐	☐	☐	a	☐							
						d								
7		☐	☐	☐	☐	e	☐	☐	☐	☐				
						r								
8					☐	o	☐	☐	☐	☐	☐	☐	☐	☐

to switch off = arapga
to repair = eraarrp
to protect = otprerge
to find = ecrnantro
to maintain = tamrneen
to consider = ocsniedrra
to fight = ulcrah
to preserve/keep = ersveprra

5 *Complete the following phrases in Spanish. Use some of the vocabulary from the puzzle in exercise 4 and the picture prompts to help you.*

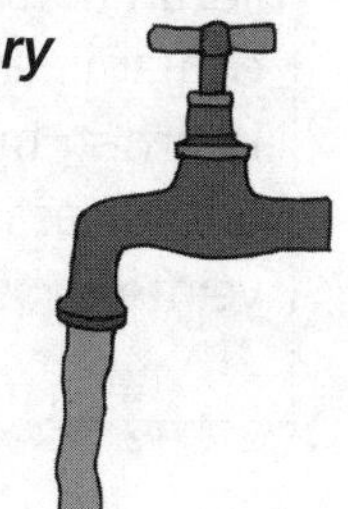

1 No es necesario que utilicemos el coche. ¡Coja el autobús!
2 Es necesario que ______
3 Es esencial que ______
4 Es importante que ______
5 Es necesario que ______
6 Es importante que ______

3 Piensa globalmente (pages 168–169)

1 ***Read the paragraph on climate control in the text, and then find the Spanish translation of the phrases below.***

Hoy en día intentamos trabajar en oficinas inteligentes. Aquí tienes algunos ejemplos de cómo podemos proteger el medio ambiente.

Climatización: Antes en la oficina utilizábamos ventiladores eléctricos que gastaban mucha electricidad. Ahora tenemos aire acondicionado y calefacción. Para reducir el impacto medioambiental y ahorrar en la factura de la electricidad, es importante utilizarlos sólo cuando es estrictamente necesario. También deberíamos instalar programación automática para encender y apagar la climatización.

Ordenadores: Antes los ordenadores eran más grandes y consumían mucha electricidad. Ahora los ordenadores tienen la función de reposo para economizar energía y podemos apagarlos fácilmente cuando no están en uso. También los ordenadores portátiles ahora llevan baterías recargables menos contaminantes. Además, hoy con Internet, mucha gente puede trabajar desde casa. Esto no era posible hace veinte años.

1 electric fans ____________________

2 heating ____________________

3 the impact on the environment ____________________

4 the electricity bill ____________________

5 timer ____________________

6 to switch off ____________________

2 ***Read the paragraph on computers in the text in exercise 1. Find five differences between computers now and in the past and write them in the table in English.***

Computers in the past	Computers now

1 Put the following phrases in the correct order to complete the sentences below.

dinero se gente beneficiará la el pobre con

productos habrá menos reciclados basura usar y podremos

ambiente gastarán en lo medio proteger el

podrá rápido la recuperarse población más

ambiente el medio a conservar contribuirás

el los directamente dinero recibirán productores

básica podrá una recibir educación

muy interesantes tendrás experiencias

1 Si te haces voluntario, __________

2 Si te apuntas a un viaje de ecoturismo, __________

3 Si mandamos ayuda a las zonas de desastres naturales, __________

4 Si das dinero a organizaciones ecologistas, __________

5 Si reciclo, __________

6 Si compro productos de países en vías de desarrollo, __________

7 Si busco productos de comercio justo, __________

8 Si apadrinas a un niño de un país en vías de desarrollo, __________

2 Put the phrases below in the order in which Silvana mentions them in her email.

Para mí, es importante que pensemos en los desfavorecidos. Para ser voluntario, no tienes que hacerlo en tu barrio, ciudad o país. Yo estoy ayudando en otro país, aprendiendo su cultura y su manera de vivir, y trabajando con otros voluntarios en un proyecto común. Además, puedo poner en práctica lo que estudié, a la vez que conozco a gente maravillosa de la que guardaré muy buenos recuerdos. Lo que hago me gusta mucho y, ciertamente, vale la pena.

Silvana

1 Tendrás nuevas experiencias. [ ]

2 Harás buenas amistades. [ ]

3 Podrás viajar al extranjero. [1]

4 Tendrás buenos recuerdos del trabajo como voluntario. [ ]

5 Podrás usar tu experiencia. [ ]

6 Trabajarás en equipo. [ ]

3 Give five reasons, in Spanish, why Silvana is a volunteer.

Silvana piensa en los desfavorecidos.

____

____

____

1 Circle the correct verb to match the translation for each sentence.

1 I have lived in Spain. *Habría/He/Había* vivido en España.
2 He had worked as a cook. *Ha/Habrían/Había* trabajado como cocinero.
3 We had eaten it. Lo *habíamos/hemos/había* comido.
4 Have you seen the programme? ¿*Habías/Has/Habrías* visto el programa?
5 You had gone out. *Habíais/Habéis/Has* salido.

2 Read the following texts and mark the statements below as true (T) or false (F).

Chema está casado y tiene dos hijas. Perdió el trabajo y entonces empezó a beber. "Estoy sin trabajo y mi familia no me quiere. Antes de perder mi trabajo no había tenido problemas económicos." Intentó dejar de beber muchas veces, pero finalmente su familia le abandonó.

Anoche Andrés, un hombre de veintidós años, durmió en la calle. Antes había pasado varias noches en la Casa de la Caridad, pero dice que no volvería porque hay gente muy rara y cree que allí no está seguro.

Dice Miguel que la droga le llevó a quedarse en la calle, donde intenta sobrevivir. Ahora no toma drogas, pero tampoco tiene dinero. "Antes siempre había tenido dinero para comprar comida, pero ahora busco comida en los contenedores y en la basura detrás de los restaurantes."

Antonio había dormido el fin de semana en un banco de un parque. "El banco es como un hotel para mí, aunque esta noche ha hecho demasiado frío para dormir en él. Mis padres se murieron hace un año y hasta entonces siempre me habían cuidado. Ahora estoy sin casa porque no podía pagar la hipoteca."

1 Chema was an alcoholic before he lost his job. ☐
2 Andrés slept on the street last night. ☐
3 Antonio spent last night on a park bench. ☐
4 Antonio's parents are still alive. ☐
5 Miguel became a drug addict before he started sleeping rough. ☐

3 Answer these questions fully in Spanish, referring to the texts in exercise 2.

1 ¿Tenía trabajo Chema cuando empezó a beber? ____________________
2 ¿Qué intentó hacer Chema? ____________________
3 ¿Por qué no quiere volver Andrés a la Casa de la Caridad? ____________________
4 ¿Cuándo durmió Antonio en el parque? ____________________
5 ¿Quién había cuidado a Antonio? ____________________
6 ¿Por qué no tiene casa Antonio? ____________________
7 ¿Miguel compra comida? ____________________

1 Copy the underlined verbs from the text into the correct columns in the table below.

Compras ecológicas

Creo que es importante que yo tome la iniciativa y pienso que deberíamos rechazar las bolsas de plástico. Siempre se deberían reutilizar estas bolsas plásticas. También, cuando voy de viaje, utilizo el transporte público porque puedo ayudar a reducir la contaminación causada por el coche.

Hasta ahora yo no había comprado muchos productos frescos y de temporada, pero ahora siempre lo hago. En el futuro no gastaré tanto dinero y ahorraré el gasto de transporte con productos locales.

El año pasado mis padres le regalaron a mi hermana un viaje de ecoturismo que le gustó mucho, porque siempre había querido tener unas vacaciones alternativas.

En el pasado pocas empresas fabricaban los juguetes con materiales reciclados y siempre era misión imposible encontrar un juguete sin pilas, pero por lo menos ahora ¡puedo comprar un juguete con pilas recargables!

Hasta los ocho años mis padres siempre habían buscado regalos tradicionales para mi hermano. Pero el año pasado a mi hermano le compraron un juguete electrónico que no funcionaba. ¡Qué mal! Es importante que no malgastes el dinero en juguetes electrónicos y que compres cosas tradicionales.

Javier Soto

Present	Present subjunctive	Imperfect	Preterite	Pluperfect	Future	Conditional
	tome					

2 Translate these sentences into Spanish. Use the text in exercise 1 to help you.

1 I had saved a lot of energy. ______________________

2 We would make traditional toys. ______________________

3 (*tú*) Don't spend too much! ______________________

4 It's important that I buy fresh produce. ______________________

5 (*usted*) Use public transport! ______________________

6 The TV used to work well. ______________________

7 He tried to recycle the paper. ______________________

8 If (*tú*) you use the bus, you will save energy. ______________________

9 Last year I received a lot of books. ______________________

10 I should reuse the bags. ______________________

Cambios medioambientales *Environmental changes*

Deberíamos…	*We should…*
comprar productos ecológicos	*buy green products*
consumir menos energía	*use less energy*
mantener el aire limpio/el agua limpia	*keep the air/water clean*
mejorar la red de transporte público	*improve the public transport network*
plantar más árboles	*plant more trees*
proteger la naturaleza	*protect nature*
reciclar papel y vidrio	*recycle paper and glass*
reducir la contaminación	*reduce pollution*
usar el agua de forma responsable	*use water responsibly*
usar más el transporte público	*use public transport more*
No deberíamos…	*We shouldn't…*
malgastar el agua	*waste water*
tirar la basura al suelo	*throw rubbish on the floor*

El mundo hoy en día *The world today*

Opino que…	*I think that…*
Para mí…	*For me…*
A mi modo de ver…	*As I see it…*
A mi parecer…	*It seems to me…*
Creo que…	*I think that…*
Estoy de acuerdo contigo.	*I agree with you.*
No estoy de acuerdo contigo.	*I don't agree with you.*
el agujero de la capa de ozono	*the hole in the ozone layer*
el calentamiento global	*global warming*
el hambre	*hunger*
el paro	*unemployment*
el precio de la gasolina	*the price of oil*
el racismo	*racism*
el respeto	*respect*
el terrorismo	*terrorism*
la crisis económica	*economic crisis*
la delincuencia	*delinquency*
la discriminación	*discrimination*
la igualdad	*equality*
la justicia	*justice*
la pobreza	*poverty*
la solidaridad	*solidarity*
los derechos humanos	*human rights*
los sin techo	*the homeless*
…es el problema más serio	*…is the most serious problem*
…es un problema muy serio	*…is a very serious problem*
…no es un problema tan serio	*…is not such a serious problem*
Es esencial que…	*It's essential that…*
Es importante que…	*It's important that…*
Es increíble que…	*It's incredible that…*
Es necesario que…	*It's necessary that…*
Es terrible que…	*It's terrible that…*

¡Cuida tu planeta! *Look after your planet!*

No utilice combustibles fósiles.	*Don't use fossil fuels.*
No ensucie el agua.	*Don't pollute water.*
No consuma tanta energía.	*Don't use so much energy.*
No contamine el medio ambiente.	*Don't pollute the environment.*
No use detergentes con fosfatos.	*Don't use detergents with phosphates.*
No malgaste el papel.	*Don't waste paper.*
Reutilice las bolsas de plástico.	*Reuse plastic bags.*
Separe la basura.	*Separate your rubbish.*

Piensa globalmente *Think globally*

Para ahorrar agua, es mejor…	*In order to save water, it's better to…*
Para reducir la contaminación del aire, es mejor…	*In order to reduce air pollution, it's better to…*
Para consumir menos energía, es mejor…	*In order to use less energy, it's better to…*
Para respetar nuestro entorno, es mejor…	*In order to respect our surroundings, it's better to…*
Para evitar contaminar el medio ambiente, es mejor…	*In order to avoid polluting the environment, it's better to…*
Para luchar contra el calentamiento global, es mejor…	*In order to fight against global warming, it's better to…*
apagar las luces	*turn off the lights*
comprar productos ecológicos	*buy green products*
comprar ropa de segunda mano en Oxfam	*buy second-hand clothes from Oxfam*
consumir poca energía/agua/gasolina	*use small amounts of energy/water/oil*
dar dinero a organizaciones benéficas	*give money to charitable organisations*
ir en bicicleta	*travel by bicycle*
separar la basura y reciclar	*separate rubbish and recycle*
utilizar el contenedor de compostaje	*use a compost bin*
bañarse cuatro veces al día	*have a bath four times a day*
comprar productos de países lejanos	*buy products from faraway countries*
comprar ropa nueva cada semana	*buy new clothes every week*
consumir mucha agua/energía/gasolina	*use a lot of water/energy/oil*
encender las luces	*turn on the lights*
ir en una limusina muy grande	*travel in a very large limousine*
malgastar dinero en cosas inútiles	*waste money on useless things*
pedir siempre bolsas de plástico	*always ask for plastic bags*

Voluntarios *Volunteers*

Si apadrino a un niño del tercer mundo, …	*If I foster a child from the third world, …*
Si educamos a la gente, …	*If we educate people, …*
Si me hago miembro de Oxfam, …	*If I become a member of Oxfam, …*
Si me hago voluntario/a, …	*If I become a volunteer, …*
Si pago un poco más por los productos de comercio justo, …	*If I pay a bit more for fairtrade products,…*
Si reciclamos y reutilizamos, …	*If we recycle and reuse, …*
acabaremos con la pobreza	*we will end poverty*
ayudaré a los demás y haré algo útil	*I will help others and do something useful*
cuidaremos el medio ambiente	*we will look after the environment*
los trabajadores tendrán mejores salarios	*workers will have better salaries*
más personas tendrán una vida digna	*more people will have a dignified life*
mejoraré la sociedad	*I will improve society*
tendrá la posibilidad de sobrevivir	*he/she will have the chance of survival*
transformaremos el mundo	*we will change the world*
¿Cómo te llamas?	*What's your name?*
¿De dónde eres?	*Where are you from?*
¿Por qué quieres trabajar como voluntario/a?	*Why do you want to work as a volunteer?*

Sin techo, sin derecho *No roof, no rights*

había comprado una casa	*I had bought a house*
había dado a luz a un niño	*I had given birth to a child*
había empezado a estudiar	*I had begun to study*
había perdido mi trabajo	*I had lost my job*
me decidí a cambiar todo	*I decided to change everything*
encontré trabajo	*I found work*
hablé con una organización caritativa	*I spoke with a charitable organisation*
me quedé con un amigo y empecé a buscar trabajo	*I stayed with a friend and I started to look for work*
tengo novio/a y otra casa	*I have a boy/girlfriend and another house*
tengo una familia	*I have a family*
trabajo con los sin techo	*I work with the homeless*
trabajo en…	*I work in…*

Published by Pearson Education Limited, a company incorporated in England and Wales, having its registered office at Edinburgh Gate, Harlow, Essex, CM20 2JE. Registered company number: 872828

www.heinemann.co.uk

Edexcel is a registered trade mark of Edexcel Limited

First published 2009

12 11 10 09
10 9 8 7 6 5 4 3 2

British Library Cataloguing in Publication Data
A catalogue record for this book is available from the British Library.

ISBN 978 0 435721 26 8

Edited by Alison Thomas
Designed by Ken Vail Graphic Design
Typeset by Ken Vail Graphic Design
Original illustrations © Pearson Education Limited, 2009
Illustrated by Beehive Illustration (Mark Ruffle), Graham-Cameron Illustration (David Benham), Stephen Elford, Mike Lacey, Ken Laidlaw, NB Illustration (Ben Swift), Sylvie Poggio Artists Agency (Rory Walker), YDP.
Cover design by Ken Vail Graphic Design
Cover illustration © Pearson Education Limited, 2009
Printed in the United Kingdom by Ashford

Acknowledgements
We would like to thank Alison Thomas, Ruth Manteca and Melissa Wilson for their invaluable help in the development and trialling of this course.

The author and publisher would like to thank the following individuals and organisations for permission to reproduce photographs:

© Warner Bros Pictures España/The Kobal Collection p **60**

Every effort has been made to contact copyright holders of material reproduced in this book. Any omissions will be rectified in subsequent printings if notice is given to the publishers.

The websites used in this book were correct and up-to-date at the time of publication. It is essential for tutors to preview each website before using it in class so as to ensure that the URL is still accurate, relevant and appropriate. We suggest that tutors bookmark useful websites and consider enabling students to access them through the school/college intranet.

T 0845 630 33 33
F 0845 630 77 77
myorders@pearson.com
www.edexcel.com

ISBN 978-0-435721-26-8

Higher

Edexcel GCSE

edexcel
advancing learning, changing lives

Spanish

Marianne Mathews

Cuaderno

Rojo

Higher

A PEARSON COMPANY

1 ***Find 11 preterite tense verbs in the yo (1st person singular) form.***

f	u	i	t	j	u	g	u	é	z	r	v
u	x	w	m	é	d	n	a	m	b	u	i
e	g	q	d	w	g	j	p	o	l	h	s
k	j	a	l	u	b	e	s	t	m	p	i
t	o	m	o	p	r	a	i	m	o	w	t
n	c	v	j	e	h	o	r	e	n	u	é
t	s	e	y	s	a	q	u	é	t	q	o
f	a	q	i	c	o	m	p	r	é	b	k
d	c	s	d	u	l	y	o	f	d	i	p
z	ó	v	f	c	n	a	k	c	v	a	a
e	l	a	s	h	c	f	n	m	s	x	s
v	i	a	j	é	m	g	t	ó	h	n	é

2 ***Use the verbs from the wordsearch to change the following text from the present tense into the preterite.***

Mis vacaciones

El sábado (1) voy a la playa. (2) Viajo en tren. Por la mañana (3) juego al voleibol con unos amigos, y después (4) tomo el sol y (5) escucho música. A mediodía (6) compro un bocadillo y agua. Por la tarde (7) monto en bicicleta y (8) visito el centro del pueblo, donde (9) saco muchas fotos y las (10) mando por mi móvil. Lo (11) paso genial.

Make sure that you have included the correct accents. Leaving them out can change the meaning of the verb:
hablo = I speak
habló = he/she spoke

3 ***Answer the questions about your holidays in Spanish.***

¿Adónde fuiste de vacaciones?

¿Cuándo fuiste?

¿Con quién fuiste?

¿Qué hiciste?

¿Qué tal lo pasaste?